LINGUAGEM, PROGRAMAÇÃO & BANCO DE DADOS

guia prático de aprendizagem

Linguagem, programação e banco de dados:...

O selo DIALÓGICA da Editora InterSaberes faz referência às publicações que privilegiam uma linguagem na qual o autor dialoga com o leitor por meio de recursos textuais e visuais, o que torna o conteúdo muito mais dinâmico. São livros que criam um ambiente de interação com o leitor – seu universo cultural, social e de elaboração de conhecimentos –, possibilitando um real processo de interlocução para que a comunicação se efetive.

...guia prático de aprendizagem _

Gislaine Camila Lapasini Leal

EDITORA intersaberes

Rua Clara Vendramin, 58 . Mossunguê
CEP 81200-170 . Curitiba . PR . Brasil
Fone: (41) 2106-4170
www.intersaberes.com
editora@editoraintersaberes.com.br

conselho editorial_Dr. Ivo José Both (presidente)
_Dr.ª Elena Godoy
_Dr. Nelson Luís Dias
_Dr. Neri dos Santos
_Dr. Ulf Gregor Baranow

editor-chefe_Lindsay Azambuja

editor-assistente_Ariadne Nunes Wenger

capa_Charles L. da Silva

projeto gráfico_Raphael Bernadelli

diagramação_Fabiana Edições

Dados Internacionais de Catalogação na Publicação (CIP)
(Câmara Brasileira do Livro, SP, Brasil)

Leal, Gislaine Camila Lapasini
  Linguagem, programação e banco de dados: guia prático de aprendizagem/Gislaine Camila Lapasini Leal. Curitiba: InterSaberes, 2015.

  Bibliografia.
  ISBN 978-85-443-0257-6

  1. Banco de dados 2. Linguagem de programação para computadores 3. Linguagem de programação para computadores – Estudo e ensino I. Título.

15-05922   CDD-005.133

Índice para catálogo sistemático:
1. Linguagem de programação: Computadores: Processamento de dados   005.133

Foi feito o depósito legal.
1ª edição, 2015.

Informamos que é de inteira responsabilidade da autora a emissão de conceitos.

Nenhuma parte desta publicação poderá ser reproduzida por qualquer meio ou forma sem a prévia autorização da Editora InterSaberes.

A violação dos direitos autorais é crime estabelecido na Lei n. 9.610/1998 e punido pelo art. 184 do Código Penal.

sumário_

apresentação = 7

0000_0001 = I = introdução_à_informática_e_aos_algoritmos = 15

0000_0010 = II = seleção_e repetição = 49

0000_0011 = III = estruturas_homogêneas,_heterogêneas_e_sub-rotinas = 83

0000_0100 = IV = introdução_ao_banco_de_dados = 115

0000_0101 = V = introdução_à_linguagem_C = 149

para_concluir... = 179

referências = 183

respostas = 185

sobre_a_autora = 197

apresentação_

Prezado leitor, nosso objetivo com esta obra é estimular e desenvolver o seu raciocínio lógico por meio do ensino de algoritmos, banco de dados e da linguagem de programação, no caso, a linguagem C.

Em cada capítulo, você encontrará exemplos e exercícios resolvidos que o ajudarão no entendimento dos conceitos. Além disso, há uma seção só com exercícios. É importante que você os faça para fixar o conteúdo e compreender suas dificuldades, mas lembre-se sempre: o aprendizado requer prática. Não adianta apenas olhar os exemplos e os exercícios resolvidos: como dissemos, é preciso "colocar a mão na massa"!

A obra está estruturada em cinco capítulos. O Capítulo 1 destaca a importância do computador nos dias de hoje, seu papel nas organizações e os conceitos iniciais sobre algoritmos, quais são as formas de sua representação e como realizar a entrada, o processamento e a saída de dados. Com base nisso, construiremos nossos primeiros algoritmos.

O Capítulo 2 trata da construção de algoritmos com desvio de fluxo e repetição de trechos de código (laços de repetição). Com base nos conceitos de estrutura de seleção e de repetição, é possível construir algoritmos sem precisar repetir determinado trecho de código várias vezes. Estudaremos as estruturas de seleção simples, composta, encadeada e de decisão múltipla. Em relação aos laços de repetição, veremos os laços contados e os laços condicionais.

O Capítulo 3 descreve como é possível agrupar diversas informações em uma única variável por meio das estruturas de dados homogêneas (vetores e matrizes) e heterogêneas (registros). Além disso, nesse capítulo, veremos também como funciona a atribuição de valores, a entrada e a saída de dados nesse tipo de estrutura, mostrando ainda como modularizar nossos algoritmos por meio da construção de sub-rotinas (procedimentos e funções).

O Capítulo 4 aborda conceitos relacionados ao projeto de banco de dados, que é uma ferramenta

essencial no ambiente de negócios, pois possibilita o armazenamento e a manipulação de dados de forma rápida e eficiente. Você aprenderá o que é um banco de dados, sua importância e os elementos que devem ser considerados na modelagem e no projeto de cada um deles.

Por fim, o Capítulo 5 apresenta a linguagem de programação C, que permite converter os algoritmos estudados em programas de computador. Você vai aprender a sintaxe da linguagem C para a declaração de variáveis, constantes, operadores, entrada e saída de dados, seleção, repetição, vetores, matrizes, *strings*, *structs* e outros.

Ao final de cada capítulo, na seção "Para saber mais", há indicações de leitura que visam a complementar o conhecimento abordado e a ampliar o leque de exemplos de aplicação. Além disso, ao final de cada capítulo, há uma representação esquemática que destaca os conceitos estudados e que facilita seu processo de síntese.

Bom estudo!

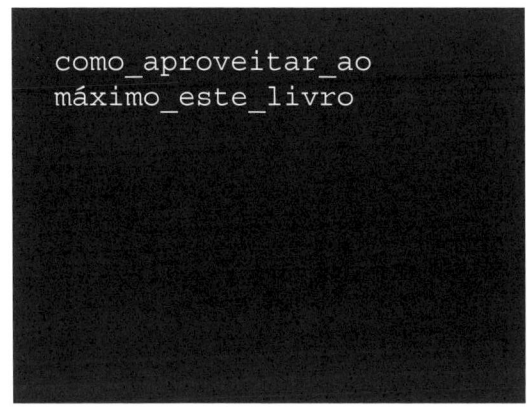

como_aproveitar_ao máximo_este_livro

Este livro traz alguns recursos que visam enriquecer seu aprendizado, facilitar a compreensão dos conteúdos e tornar a leitura mais dinâmica. São ferramentas projetadas de acordo com a natureza dos temas que vamos examinar. Veja a seguir como esses recursos se encontram distribuídos no decorrer desta obra.

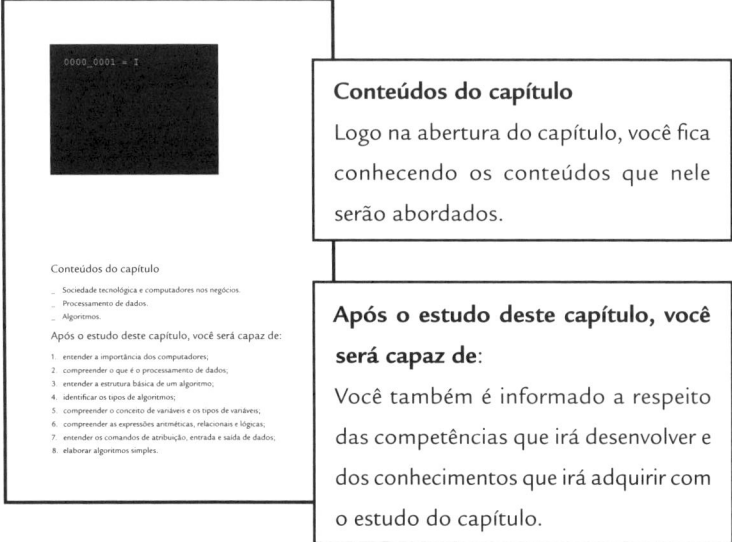

Conteúdos do capítulo
Logo na abertura do capítulo, você fica conhecendo os conteúdos que nele serão abordados.

Após o estudo deste capítulo, você será capaz de:
Você também é informado a respeito das competências que irá desenvolver e dos conhecimentos que irá adquirir com o estudo do capítulo.

Atenção!

Nesta seção, ganham destaque algumas informações fundamentais para a compreensão do conteúdo abordado.

Síntese

Você dispõe, ao final do capítulo, de uma síntese que traz os principais conceitos nele abordados.

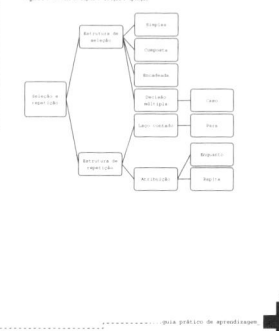

Exercícios resolvidos

A obra conta também com exercícios seguidos da resolução feita pelo próprio autor, com o objetivo de demonstrar, na prática, a aplicação dos conceitos examinados.

[questões para revisão]

1. Assinale V para as afirmações verdadeiras e F para as falsas.
   ( ) As estruturas de dados homogêneas agregam informações do mesmo tipo e são divididas em vetores e registros.
   ( ) As estruturas de dados heterogêneas permitem gerar novos tipos de dados.
   ( ) A modularização evita a repetição de trechos de código e facilita o entendimento do algoritmo e dos testes.
   ( ) Uma sub-rotina do tipo procedimento caracteriza-se por sempre retornar um valor.
   ( ) Os parâmetros reais substituem os formais quando do uso da sub-rotina.
2. Elabore um algoritmo que receba dois vetores de inteiros de dez posições e que apresente o dobro da soma entre os elementos.
3. Formule um algoritmo que leia um vetor com 15 elementos e que os apresente em ordem contrária à da leitura.
4. Escreva um algoritmo que leia as informações de 20 produtos (código, descrição e valor).

Questões para revisão

Com estas atividades, você tem a possibilidade de rever os principais conceitos analisados. Ao final do livro, o autor disponibiliza as respostas às questões, a fim de que você possa verificar como está sua aprendizagem.

( ) Na estrutura de repetição *enquanto*, as instruções do interior do laço sempre serão executadas pelo menos uma vez.
9. Construa um algoritmo que leia a descrição do produto e o saldo em estoque de um conjunto de produtos até que seja informada a descrição -1. Apresente a média dos saldos em estoque e a descrição dos produtos que estão com saldo zerado.

[para saber mais]

EBERSPACHER, H. F.; FORBELLONE, A. L. V. **Lógica de programação**: a construção de algoritmos e estruturas de dados. 3. ed. São Paulo: Makron Books, 2005.

PAIVA, S. **Introdução à programação**: do algoritmo às linguagens atuais. Rio de Janeiro: Ciência Moderna, 2008.

Para saber mais

Você pode consultar as obras indicadas nesta seção para aprofundar sua aprendizagem.

Conteúdos do capítulo

_ Sociedade tecnológica e computadores nos negócios.
_ Processamento de dados.
_ Algoritmos.

Após o estudo deste capítulo, você será capaz de:

1. entender a importância dos computadores;
2. compreender o que é o processamento de dados;
3. entender a estrutura básica de um algoritmo;
4. identificar os tipos de algoritmos;
5. compreender o conceito de variáveis e os tipos de variáveis;
6. compreender as expressões aritméticas, relacionais e lógicas;
7. entender os comandos de atribuição, entrada e saída de dados;
8. elaborar algoritmos simples.

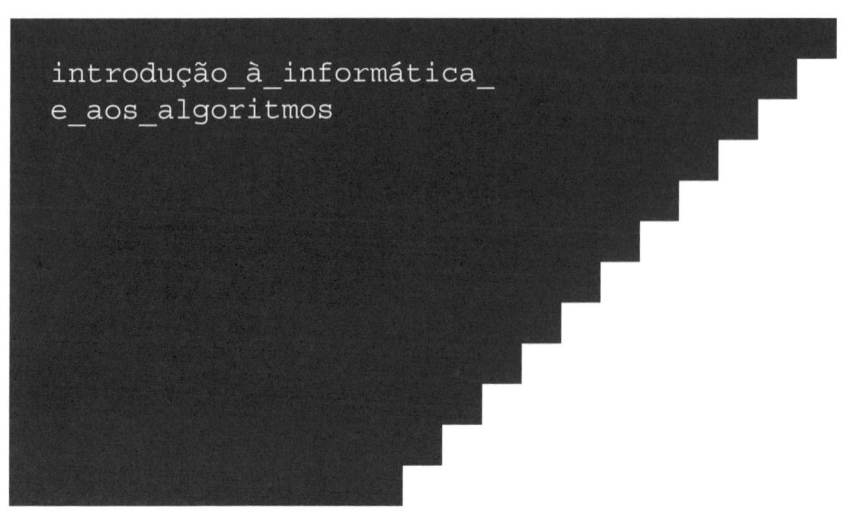

introdução_à_informática_e_aos_algoritmos

Neste capítulo, você entenderá o papel do computador nos negócios, as etapas envolvidas no processamento de dados e a importância do processamento eletrônico de dados. Além disso, você aprenderá o conceito, a estrutura, os componentes e os tipos de representação de algoritmo que podemos utilizar. Estudará também os conceitos de variáveis, tipos de variáveis, constantes, expressões, tipos de expressões e funções intrínsecas. Ao final do capítulo, você saberá construir e interpretar os algoritmos.

[sociedade tecnológica e computadores nos negócios]

O uso do computador é cada vez mais frequente nas diversas atividades pessoais ou profissionais do cotidiano. Você o utiliza no seu dia a dia? Se pararmos para pensar, perceberemos que ele revolucionou uma série de atividades em nossa vida, desde a interação entre as pessoas, com a ampliação dos canais de comunicação, até a forma como efetuamos compras.

Mas o que vem a ser um computador? Segundo Laudon e Laudon (2008, p. 406), é um "dispositivo físico que recebe dados como entrada, transforma esses dados executando instruções previamente armazenadas e fornece, como saída, informações para uma série de dispositivos". Ou, numa definição mais simples: computador é um equipamento eletrônico capaz de receber, processar, transformar, armazenar e devolver informação ao usuário final.

A evolução da computação teve seu início no século XVI, mas somente a partir do século passado os computadores se mostraram úteis e, graças à recente evolução na microeletrônica, se popularizaram. Eles podem ser classificados segundo vários critérios: velocidade de processamento, capacidade de armazenamento, utilização etc. Com relação ao tamanho físico, segundo Laudon e Laudon (2008), a classificação mais adotada é: supercomputadores, *mainframes*, minicomputadores, computadores pessoais, *notebooks, palmtops* e *personal digital assistants* (PDAs).

Algumas características que tornam o computador útil, segundo Capron e Johnson (2004), são a velocidade do processamento, a confiabilidade e a capacidade de armazenamento, fatores que atuam diretamente no aumento da produtividade, no suporte à tomada de decisões e na redução de custos.

Os computadores são utilizados nas mais diversas áreas e atividades: educação, governo, saúde, transporte, agricultura, indústria, comércio, entre outras. O **hardware** constitui a parte física de um computador, envolvendo os dispositivos de entrada e saída de dados, de armazenamento e de processamento. Alves (2014, p. 28), de forma sintética, afirma que o *hardware* abrange "todos os equipamentos e seus componentes eletrônicos".

O **software**, por sua vez, é um conjunto de instruções (também chamadas de *programas*) que dizem ao computador o que ele deve fazer. Alves (2014, p. 28) destaca que, comparado ao *software*, "o *hardware* é apenas um amontoado de componentes eletrônicos sem nenhuma utilidade". As principais categorias de *software* são os sistemas operacionais (*softwares* básicos), que controlam o funcionamento do computador, e os *softwares* aplicativos, como processadores de texto, planilhas e bancos de dados, que executam as tarefas solicitadas pelo usuário.

linguagem, programação e banco de dados:

Sistema operacional (SO) é o conjunto de programas situado entre os *softwares* aplicativos e o *hardware*, por meio do qual o computador gerencia os próprios recursos. Ele comanda todas as operações do computador, inclusive o funcionamento dos outros programas específicos (aplicativos) e as entradas e saídas de dados enviados e recebidos por todos os dispositivos físicos instalados na máquina. O SO começa a ser executado antes de qualquer outro *software* e permanece na memória ativa o tempo todo, até o computador ser desligado. São exemplos de SO: Windows, Linux, Unix, OS/2.

Aplicativo é um *software* usado para atividades específicas. Uma definição mais técnica de aplicativo o apresenta como todo arquivo executável que possa rodar sob um sistema operacional. O aplicativo realiza uma tarefa por si só, ou seja, não depende de outros programas para funcionar. Por exemplo, o arquivo winword.exe é o Microsoft Word, aplicativo utilizado para edição de textos. Os documentos de extensão *.docx, por sua vez, são os documentos criados pelo Word e não realizam uma tarefa por si só.

Você certamente conhece uma série de aplicativos, que utiliza no seu dia a dia. Usamos, por exemplo, o Windows Media Player para ouvir música, a planilha eletrônica Microsoft Excel para elaborar cálculos, o Microsoft Word para elaborar trabalhos científicos, o Google Chrome, o Firefox e o Internet Explorer para navegar na internet. Como você pode perceber, há uma série de aplicativos que acabamos utilizando em nosso cotidiano; na sua rotina de estudante ou profissional da área de engenharia, com certeza você conhecerá muitos outros.

[processamento de dados]

Processamento de dados é o conjunto de operações que aplicamos a dados de entrada para gerar os resultados (saídas), isto é, trata-se do processo de conversão de dados de entrada em saída (Figura 1.1).

Figura 1.1 – Etapas do processamento de dados

O processamento de dados efetuado por meio do uso de computadores é denominado *processamento eletrônico de dados* e confere rapidez, agilidade e segurança à realização de inúmeras atividades (Capron; Johnson, 2004). Você consegue imaginar quanto tempo demoraria o cálculo da folha de pagamento de uma empresa se tivéssemos de realizá-lo de forma manual?

[algoritmos]

Neste ponto, você deve estar se perguntando o que é um algoritmo. Você já conhecia esse termo? Algoritmo é uma sequência de passos que devemos seguir para solucionar determinado problema, isto é, a descrição de um conjunto finito de comandos (Ascencio; Campos, 2010). Costa e Santos (2006) afirmam que um algoritmo envolve o raciocínio lógico-matemático para a resolução de um problema. No entanto, não há um único algoritmo para cada problema; podemos ter vários algoritmos que solucionam o mesmo problema (Garcia; Lopes, 2002).

Agora que você já sabe o que é um algoritmo, reflita: você se lembra de algum? Se algoritmo é uma sequência de passos para resolver um problema, quer dizer que no nosso dia a dia utilizamos vários algoritmos. Vejamos alguns exemplos: instruções para tomar um medicamento, receitas culinárias, instruções para a montagem de um aparelho ou até mesmo de um brinquedo (Ziviane, 2010).

Vamos tomar como exemplo o problema de preparar um café. Veja a seguir uma das possíveis soluções, pois sabemos que essa não é a única. A solução apresentada resolve o problema utilizando nove instruções. Bem, mas o que vem a ser uma instrução senão uma operação básica que indica ao computador a ação que deve ser executada? (Barbosa; Salvetti, 2004).

```
Algoritmo para preparar café
1. Pegar uma chaleira.
2. Colocar água na chaleira.
3. Colocar a chaleira para esquentar.
4. Pegar o coador.
5. Pegar o filtro de papel.
6. Pegar o pó de café.
7. Dobrar o filtro de papel.
8. Colocar o pó no filtro.
9. Colocar a água quente.
```

Atenção!
No aprendizado de algoritmos, a prática é muito importante. O raciocínio lógico-matemático é construído "colocando-se a mão na massa".

O processo de aprendizagem de algoritmos requer muita prática. Ascencio e Campos (2010) apontam alguns passos para facilitar a construção de algoritmos:

1. Compreender o problema;
2. Definir as informações de entrada de dados, isto é, o que precisamos que o usuário nos informe;
3. Definir o processamento, isto é, quais são as operações que temos de realizar com os dados recebidos na entrada;
4. Definir as informações de saída, isto é, o que devemos fornecer como resultado para o usuário.

Tipos de algoritmos

Os algoritmos podem ser representados por meio de descrição narrativa, fluxograma e pseudocódigo (Ascencio; Campos, 2010).

Na **descrição narrativa**, o problema é representado empregando-se a linguagem natural. Esse tipo de representação é de fácil aprendizado; no entanto, às vezes pode ser ambígua e gerar diversas interpretações (Ascencio; Campos, 2010).

Vamos tomar como exemplo o seguinte problema: como calcular o produto entre dois números? Nesse caso, sabemos que a entrada de dados consiste em obter do usuário os dois números, o processamento consiste em realizar a operação de multiplicação entre esses dois números e a saída consiste em apresentar o resultado da operação de multiplicação.

A seguir, mostramos o algoritmo para calcular o produto entre dois números utilizando a descrição narrativa. Observe que ela é muito próxima da linguagem que utilizamos, o que torna seu aprendizado bem mais simples.

```
Descrição narrativa - Algoritmo produto
1. Obter dois números.
2. Multiplicar os dois números.
3. Apresentar o resultado da multiplicação.
```

No **fluxograma**, a representação do problema ocorre de forma gráfica. Há um conjunto de símbolos que indicam as instruções básicas (Quadro 1.1). Não há exatamente um consenso em relação à utilização do fluxograma. Ambrósio e Gondim (2008), por exemplo, defendem que o fluxograma é a forma mais simples de criar e apresentar um algoritmo. No entanto, Ascencio e Campos (2010) apontam que o nível de detalhamento em um fluxograma é muito pequeno, o que dificulta o processo de conversão do algoritmo para programa.

Quadro 1.1 – Simbologia para fluxograma

Símbolo	Descrição
	Início e fim do algoritmo
	Sentido do fluxo de dados
	Entrada de dados
	Processamento de dados
	Saída de dados
	Tomada de decisão ou desvio de fluxo

Fonte: Adaptado de Ascencio; Campos, 2010, p. 5.

A Figura 1.2 apresenta o fluxograma para o problema de calcular o produto entre dois números. A notação-padrão faz com que todos que entendam o que cada símbolo significa tenham o mesmo entendimento sobre o que o algoritmo faz.

Figura 1.2 – Fluxograma – Algoritmo produto

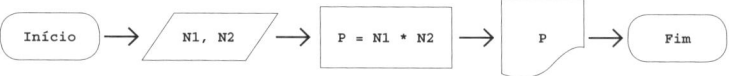

No **pseudocódigo**, há uma representação do problema realizada por meio de regras predefinidas. Veja a seguir o pseudocódigo para o algoritmo que calcula o produto entre dois números. Todo algoritmo representado em pseudocódigo tem um nome e a delimitação de início e fim (da mesma forma que no fluxograma). As palavras em negrito representam palavras reservadas, isto é, palavras que indicam as instruções.

```
Pseudocódigo - Algoritmo produto

Algoritmo produto
VarN1, N2, P: inteiro
Início
   Leia N1, N2
   P ← N1 * N2
   Escreva (P)
Fim.
```

Ascencio e Campos (2010) sustentam que a representação em pseudocódigo é a mais próxima da linguagem de programação, o que facilita o processo de conversão do algoritmo para um programa (Ascencio; Campos, 2010).

> **Atenção!**
> Adotaremos a representação utilizando o pseudocódigo.

Variáveis e constantes

Para construir algoritmos, precisamos armazenar as informações recebidas do usuário (entrada de dados), que são armazenadas em variáveis. E o que são variáveis? Variável é um espaço na memória principal do computador que pode conter valores distintos a cada instante de tempo (Garcia; Lopes, 2002).

Para você ter uma ideia, toda variável apresenta um nome e um tipo específico que determinam o tipo de valores que ela pode armazenar. Mais adiante, veremos os tipos de variáveis que podemos utilizar.

> **Atenção!**
> Uma variável só pode armazenar valores compatíveis com seu tipo.

Uma variável só pode armazenar um conteúdo por vez; no entanto, o conteúdo pode ser alterado, apagado ou consultado várias vezes. A definição de variáveis ocorre no início do algoritmo (observe a seguir) para que a memória seja alocada.

A seção de definição de variáveis é identificada pelo comando **Var**. Para declarar uma variável, temos de definir um nome e seu tipo. A sintaxe para declaração de variáveis é dada por:

```
Var
<nome da variável>: <tipo da variável>
```

Algumas observações em relação à declaração de variáveis:

- O nome deve ser único, ou seja, não podemos atribuir o mesmo nome para duas variáveis.
- É possível declarar mais de uma variável na mesma linha, desde que elas sejam do mesmo tipo. Para isso, basta separá-las por vírgulas.
- Cada tipo de variável deve ser declarado em uma linha distinta.

Denominamos de *identificadores* os nomes de variáveis, programas, rotinas, constantes e outros. A nomeação dos identificadores não deve conter caracteres especiais, deve sempre iniciar com letra, não pode conter espaços e não pode ser uma palavra reservada (Ascencio; Campos, 2010).

No pseudocódigo, os tipos de variáveis disponíveis são:

- **Inteira** – Armazena dados numéricos (positivos ou negativos) que não apresentam componentes decimais ou fracionários. Exemplos: –2, –1, 0, 1, 2. A sintaxe para a declaração de uma variável inteira é:

```
Var
Quantidade: inteira
```

- **Real** – Armazena dados numéricos (positivos ou negativos) que apresentam componentes decimais ou fracionários. Exemplos: 3.57, 2.83, 8.64. A sintaxe para a declaração de uma variável real é:

```
Var
Peso: real
```

- **Caractere** – Armazena dados que contêm letras, dígitos e/ou símbolos especiais. Esse tipo de variável tem comprimento associado. Por exemplo, *Pietro* tem comprimento 6, *Marta* tem comprimento 5. O comprimento refere-se ao número de caracteres que a variável tem. Na declaração de uma variável do tipo caractere podemos indicar o tamanho máximo de caracteres que ele pode armazenar. Isso é realizado inserindo-se o tamanho entre colchetes. A sintaxe para declaração de uma variável do tipo caractere é:

```
Var
Nome: caractere[tamanho]
```

- **Lógica ou booleana** – Esse tipo de variável pode assumir apenas dois únicos valores lógicos: verdadeiro/falso ou 0/1. A sintaxe é dada por:

```
Var
Ligado: lógico
```

Agora que já examinamos o conceito de variável e os tipos disponíveis, você conseguiria identificar o tipo adequado para armazenar as informações pessoais de sexo, data de nascimento, altura, telefone, *e-mail* e idade? Veja a declaração dessas variáveis:

```
Variáveis
Var
sexo: caractere[1]
data_de_nascimento: caractere[10]
altura: real
telefone: caractere[13]
e-mail: caractere[30]
idade: inteira
```

Além das variáveis, podemos armazenar dados utilizando constantes. No entanto, elas só armazenam informações que não variam com o tempo, isto é, que têm valor fixo. Você se recorda de alguma constante? Considere o *pi*, por exemplo: seu valor é fixo e não varia com o tempo, por isso podemos dizer que ele é uma constante. A sintaxe para declarar uma constante é:

```
Const
<nome da constante> = <valor>
```

■ Expressões

Uma expressão refere-se a um conjunto de variáveis e constantes que se relacionam por meio de operadores. As expressões podem ser divididas em: aritméticas, relacionais, lógicas e literais (Garcia; Lopes, 2002).

O resultado das expressões **aritméticas** é um valor numérico. Portanto, podemos utilizar apenas operadores aritméticos e variáveis numéricas (inteira e real). As operações aritméticas são: soma, subtração, multiplicação, divisão, exponenciação, resto e divisão inteira.

O Quadro 1.2 mostra os operadores aritméticos, o significado e a prioridade de uso de cada um deles. A prioridade refere-se à ordem em que eles devem ser avaliados em uma mesma expressão.

Quadro 1.2 – Operadores aritméticos

Operação	Operador	Exemplo	Prioridade
Soma	+	A + B	4
Subtração	-	A - B	4
Multiplicação	*	A * B	3
Divisão	/	A/B	3
Exponenciação	**	A ** 2	2
Resto	mod	A mod B	3
Divisão inteira	div	A div B	3

Fonte: Adaptado de Ascencio; Campos, 2010, p. 23.

Você sabe o que as operações *resto* e *divisão inteira* fazem? A operação *resto* calcula o resto da divisão entre dois números. Supondo A = 5 e B = 2, a operação *A mod B* resulta em 1. Já a operação *divisão inteira* indica o quociente da divisão entre os dois números. Por exemplo, *A div B* resulta em 2.

As expressões **relacionais** permitem comparar dois valores de um tipo básico. Os operadores relacionais são: igual, diferente, maior, menor, maior ou igual e menor ou igual. No Quadro 1.3, são apresentados os operadores, os símbolos associados e alguns exemplos.

Quadro 1.3 – Operadores relacionais

Operador	Símbolo	Exemplo
Igual	=	A = 1
Diferente	<>	A <> B
Maior que	>	A > 5
Menor que	<	B < 12
Maior ou igual a	>=	A >= 6
Menor ou igual a	<=	B <=7

Fonte: Adaptado de Ascencio; Campos, 2010, p. 24.

O resultado das expressões **lógicas** é um valor lógico: verdadeiro ou falso. Nesse tipo de expressão, podemos combinar os operadores (relacionais e lógicos) e as expressões matemáticas. Os operadores lógicos são os seguintes:

- **Disjunção** – Resulta em um valor verdadeiro quando pelo menos uma das variáveis é verdadeira.
- **Conjunção** – Resulta em um valor verdadeiro somente quando todas as variáveis são verdadeiras.
- **Negação** – Inverte o valor de uma variável. Por exemplo: se a variável A é verdadeira, ao aplicarmos o operador de negação, temos que o valor de A passa a ser falso.

O Quadro 1.4 apresenta os símbolos associados a cada um dos operadores e sua prioridade.

Quadro 1.4 - Operadores lógicos

Operador	Símbolo	Prioridade
Disjunção	OU	3
Conjunção	E	2
Negação	NÃO	1

Fonte: Adaptado de Garcia; Lopes, 2002, p. 13.

Temos também as expressões **literais**, nas quais o resultado é um caractere. O operador literal é o **+**, que é usado para concatenar duas ou mais variáveis do tipo caractere. E o que vem a ser *concatenar*? A concatenação consiste em acrescentar o conteúdo de uma variável ao final de outro. Podemos concatenar duas ou mais variáveis.

> **Atenção!**
> Uma expressão pode ter mais de um operador. Nesses casos, é necessário avaliar a expressão passo a passo. A precedência das operações é determinada pelos parênteses e segundo as prioridades dos operadores.

Por exemplo, temos: x + y * 25. Nesse caso, a primeira operação a ser realizada é a multiplicação de y por 25, visto que o operador de multiplicação tem prioridade 3 e a soma tem prioridade 4. Se quisermos multiplicar o produto da soma de x e y por 25, teremos de representar a expressão do seguinte modo: (x + y) * 25. Aqui, primeiro é executada a operação entre parênteses e depois a multiplicação, ou seja, os parênteses têm precedência.

Funções intrínsecas

Funções são fórmulas matemáticas prontas que podemos utilizar nos algoritmos. As principais funções são apresentadas no Quadro 1.5.

Quadro 1.5 – Funções

Função	Objetivo
ABS(variável)	Valor absoluto de um número qualquer
ARCTAN(variável)	Arco tangente de um ângulo qualquer em radianos
COS(variável)	Valor do cosseno de um ângulo qualquer em radianos
EXP(variável)	Valor exponencial
FRAC(variável)	Parte fracionária
LN(variável)	Logaritmo natural
PI	Valor de pi
SIN(variável)	Valor do seno de um ângulo qualquer em radianos
SQR(variável)	Valor do parâmetro elevado ao quadrado
SQRT(variável)	Raiz quadrada de um número positivo

Fonte: Adaptado de Ascencio; Campos, 2010, p. 24; Garcia; Lopes, 2002, p.16.

■ Atribuição

Atribuição é o processo de armazenar um valor em uma variável. É importante destacar que o valor atribuído deve ser compatível com o tipo de variável (Garcia; Lopes, 2002).

O comando de atribuição é representado pelo símbolo ← e sua sintaxe é:

```
identificador ← expressão
```

O identificador representa a variável e o termo *expressão* corresponde ao valor que será atribuído. Podemos atribuir para uma variável uma expressão aritmética, lógica ou literal. Veja alguns exemplos de atribuição:

```
nome ← "Maria"
peso ← 57,5
soma ← A + B
```

No primeiro exemplo, temos que para a variável *nome* é atribuído o valor *Maria*. No segundo exemplo é atribuído o valor 57,5 para a variável *peso*. Já no terceiro exemplo, para a variável *soma* é atribuída uma expressão aritmética de soma que envolve as variáveis A e B.

Entrada e saída de dados

A entrada de dados permite receber os dados digitados pelo usuário e é realizada por meio do comando **leia** (Ascencio; Campos, 2010). Os dados recebidos são armazenados em variáveis, ou seja, toda vez que utilizarmos o comando *leia* temos de informar a variável que vai receber esse valor. A sintaxe do comando de entrada de dados é:

```
Leia<variável>
```

Quando utilizamos o comando *leia*, o computador aguarda por uma ação do usuário, ou seja, espera a digitação do valor que será atribuído para a variável indicada.

> **Atenção!**
> Para a entrada de dados, utilizamos o comando **leia**.

A saída de dados consiste em apresentar dados ao usuário, os quais podem ser o resultado do processamento do algoritmo ou até mesmo uma informação ao usuário.

O comando para a saída de dados é ***escreva***. Esse comando busca as informações na memória e posteriormente as disponibiliza por meio de um dispositivo de saída. Sua sintaxe é:

```
Escreva<variável> ou <literal>
```

O comando de saída de dados nos permite enviar mensagens ao usuário e apresentar o resultado do processamento. Lembre-se sempre: toda mensagem (literal) deve ser escrita entre aspas. Alguns exemplos de saída de dados:

```
Escreva "Bem-vindo à disciplina de Linguagem, Programação e Banco
de Dados"
Escreva "O peso é:", peso
Escreva n1, "+", n2, "é igual a", soma
```

No primeiro exemplo, temos como saída de dados uma mensagem escrita entre aspas. Já no segundo e no terceiro exemplos, temos a combinação de uma mensagem com uma variável. Nesse caso, a mensagem é escrita entre aspas e separada da variável por vírgula. Podemos combinar diversos literais e variáveis em um comando *escreva*.

■ Mão na massa

Agora que vimos o que é um algoritmo e sua estrutura, o que é uma variável, os tipos de variáveis e como declará-las, bem como os comandos para entrada e saída de dados, vamos "colocar a mão na massa" e construir algoritmos utilizando os conceitos estudados. Lembre-se: o aprendizado de algoritmos requer prática.

Por uma questão didática, vamos dividir os problemas em três partes: entrada, processamento e saída. Assim, facilitamos o entendimento sobre o problema e organizamos as ideias em relação ao que o algoritmo deve fazer.

Exemplo 1

Elaborar um algoritmo que leia as informações de descrição, custo unitário e margem de lucro (%) e calcular o preço de venda para o produto.

A Figura 1.3 esquematiza o funcionamento do algoritmo. A entrada de dados consiste na obtenção da descrição, do custo e da margem de lucro do produto. O processamento refere-se ao cálculo do preço de venda, dado por

$$\text{preço de venda} = \text{custo} + \frac{\text{custo} * \text{margem de lucro}}{100}$$

Como saída de dados, temos a apresentação da descrição do produto e seu preço de venda.

Figura 1.3 – Estrutura do problema: Exemplo 1

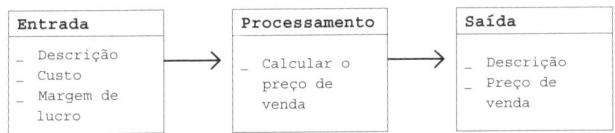

Com base nessa estruturação do problema, é possível identificar que precisamos de quatro variáveis, sendo três do tipo real e uma do tipo caractere. Há outra possibilidade em relação à declaração das variáveis numéricas? Não, pois tanto o custo quanto a margem de lucro e o preço de venda são dados numéricos que apresentam componentes decimais. Portanto, não podemos declará-los como inteiros.

Veja a seguir o pseudocódigo para o problema que acabamos de descrever. Todo algoritmo apresenta um identificador, que, no caso, é *exemplo1*. Além disso, antes da entrada de dados (comando *leia*), emitimos uma mensagem ao usuário informando qual informação ele deve fornecer.

```
Pseudocódigo - Exemplo 1

Algoritmo exemplo1
Var
custo, margem, preco: real
descricao: caractere[20]
Início
  Escreva ("Informe a descrição do produto:")
  Leia (descricao)
  Escreva ("Informe o custo:")
  Leia (custo)
  Escreva ("Informe a margem de lucro:")
  Leia (margem)
  preco ← custo + (custo * margem)/100
  Escreva ("O preço de venda do produto", descricao, "é :", preco)
Fim.
```

Exemplo 2

Construir um algoritmo que leia nome, idade, sexo, altura e peso de uma pessoa e calcular o índice de massa corpórea (IMC), dado por:

$$IMC = \frac{peso}{altura^2}$$

Na entrada de dados, devemos obter nome, idade, sexo, altura e peso da pessoa. Precisamos de uma variável para armazenar cada um desses dados. Sabemos que, para armazenar o nome e o sexo, precisamos de uma variável do tipo caractere, a qual pode ter tamanho limitado (por exemplo, para o nome, podemos definir o tamanho em 30 caracteres, e o sexo pode ser representado com apenas 1 caractere). Para armazenar a idade, usamos uma variável do tipo inteira. Já para o peso e a altura, a variável deve ser do tipo real. O processamento consiste no cálculo do IMC, o qual envolve as variáveis de peso e altura. Como saída, temos a impressão em tela das informações de nome, idade, sexo e IMC.

A Figura 1.4 apresenta a estruturação do problema em entrada, processamento e saída.

Figura 1.4 – Estrutura do problema: Exemplo 2

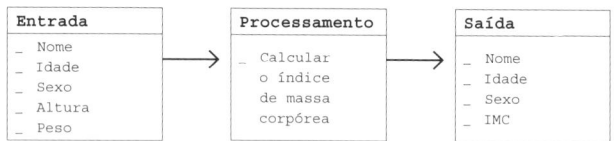

O pseudocódigo para o problema acima descrito é apresentado a seguir.

```
Pseudocódigo - Exemplo 2

Algoritmo exemplo2
Var
peso, altura, imc: real
idade: inteira
nome: caractere[30]
sexo: caractere[1]
Início
  Escreva ("Informe o seu nome:")
  Leia (nome)
  Escreva ("Informe a sua idade:")
  Leia (idade)
  Escreva ("Informe o sexo:")
  Leia (sexo)
  Escreva ("Informe o seu peso:")
  Leia (peso)
  Escreva ("Informe a sua altura:")
  Leia (altura)
  imc ← peso/(altura * altura)
  Escreva ("Nome:", nome)
  Escreva ("Idade:", idade)
  Escreva ("Sexo:", sexo)
  Escreva ("IMC:", imc)
Fim.
```

Sabemos que não há um único algoritmo que resolva um problema. Nesse sentido, apresentamos a seguir outro algoritmo que resolve o problema de calcular o IMC. Nesse caso, utilizamos uma função intrínseca, no caso SQR(), para calcular o quadrado da altura.

```
Pseudocódigo - Exemplo 2

Algoritmo exemplo2
Var
peso, altura, imc: real
idade: inteira
nome: caractere[30]
sexo: caractere[1]
Início
  Escreva ("Informe o seu nome:")
  Leia (nome)
  Escreva ("Informe a sua idade:")
  Leia (idade)
  Escreva ("Informe o sexo:")
  Leia (sexo)
  Escreva ("Informe o seu peso:")
  Leia (peso)
  Escreva ("Informe a sua altura:")
  Leia (altura)
  imc ← peso/(sqr(altura))
  Escreva ("Nome:", nome)
  Escreva ("Idade:", idade)
  Escreva ("Sexo:", sexo)
  Escreva ("IMC:", imc)
Fim.
```

Exemplo 3

Escrever um algoritmo que recebe um número inteiro, calcular e apresentar a tabuada de 1 a 10 para esse número.

A entrada de dados consiste em obter um número inteiro. O processamento consiste em realizar a operação de multiplicação desse número por 1, 2, 3, 4, 5, 6, 7, 8, 9 e 10. Como saída, temos de apresentar na tela a tabuada de 1 a 10 para esse número.

A Figura 1.5 ilustra a estrutura do problema em termos de entrada, processamento e saída.

Figura 1.5 – Estrutura do problema: Exemplo 3

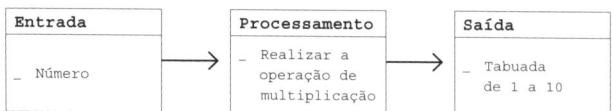

Vamos declarar uma variável inteira para armazenar o número obtido e mais dez variáveis inteiras para armazenar o resultado de cada uma das operações de multiplicação. O pseudocódigo para o problema é apresentado a seguir.

```
Pseudocódigo - Exemplo 3

Algoritmo exemplo3
Var
numero, m1, m2, m3, m4, m5, m6, m7, m8, m9, m10: inteira
Início
  Escreva ("Informe um número inteiro:")
  Leia (numero)
  m1 ← numero *1
  m2 ← numero *2
  m3 ← numero *3
  m4 ← numero *4
  m5 ← numero *5
  m6 ← numero *6
  m7 ← numero *7
  m8 ← numero *8
  m9 ← numero *9
  m10 ← numero *10
```

```
        Escreva (numero, "* 1= :", m1)
        Escreva (numero, "* 2= :", m2)
        Escreva (numero, "* 3= :", m3)
        Escreva (numero, "* 4= :", m4)
        Escreva (numero, "* 5= :", m5)
        Escreva (numero, "* 6= :", m6)
        Escreva (numero, "* 7= :", m7)
        Escreva (numero, "* 8= :", m8)
        Escreva (numero, "* 9= :", m9)
        Escreva (numero, "* 10= :", m10)
    Fim.
```

O pseudocódigo anterior utiliza 11 variáveis para solucionar o problema da tabuada. Há outras formas de resolvê-lo, empregando-se um número menor de variáveis, conforme apresentamos a seguir. Note que, nesse caso, usamos apenas a variável de entrada de dados, enquanto as operações de multiplicação (processamento) foram realizadas diretamente na saída de dados, isto é, não criamos variáveis para armazenar o resultado do processamento.

```
Pseudocódigo - Exemplo 3

Algoritmo exemplo3
Var
numero: inteira
Início
Escreva ("Informe um número inteiro:")
Leia (numero)
    Escreva (numero, "* 1= :", numero*1)
    Escreva (numero, "* 2= :", numero*2)
    Escreva (numero, "* 3= :", numero*3)
    Escreva (numero, "* 4= :", numero*4)
    Escreva (numero, "* 5= :", numero*5)
    Escreva (numero, "* 6= :", numero*6)
    Escreva (numero, "* 7= :", numero*7)
    Escreva (numero, "* 8= :", numero*8)
    Escreva (numero, "* 9= :", numero*9)
    Escreva (numero, "* 10= :", numero*10)
Fim.
```

Exemplo 4

Elaborar um algoritmo que receba o valor do salário de um funcionário, o número de horas mensais de trabalho e a quantidade de horas extras realizadas no mês. Calcular e apresentar o valor de horas extras e o salário total.

A entrada de dados consiste em obter o salário, o número de horas de trabalho e a quantidade de horas extras. O processamento envolve determinar o valor da hora de trabalho, calcular o valor total das horas extras e somar o salário e as horas extras. Como saída, temos a impressão dos valores de horas extras e o salário total. A Figura 1.6 apresenta a entrada, a saída e o processamento para o problema em questão.

Figura 1.6 - Estrutura do problema: Exemplo 4

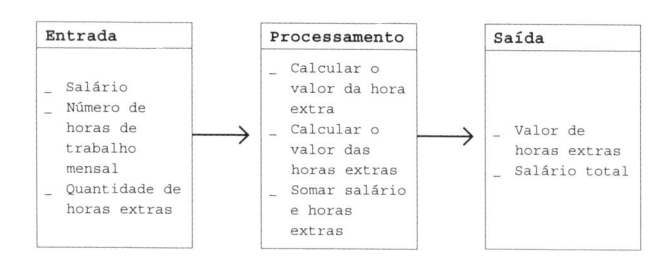

Entrada	Processamento	Saída
_ Salário _ Número de horas de trabalho mensal _ Quantidade de horas extras	_ Calcular o valor da hora extra _ Calcular o valor das horas extras _ Somar salário e horas extras	_ Valor de horas extras _ Salário total

No que se refere às variáveis, precisamos armazenar o valor do salário (sal), o número de horas de trabalho mensal (horas), o número de horas extras realizadas (horaextra), o custo de cada hora extra (vhora), o valor total em horas extras (vhoraextra) e o salário total (stotal). O pseudocódigo para o problema é apresentado a seguir.

```
Pseudocódigo - Exemplo 4

Algoritmo exemplo4
Var
sal, horas, vhora, horaextra, vhoraextra, stotal: real
Início
  Escreva ("Informe o salário:")
  Leia (sal)
  Escreva ("Informe o número de horas mensais de trabalho:")
  Leia (horas)
  Escreva ("Informe o número de horas extras realizado:")
  Leia (horaextra)
  vhora ← sal/horas
  vhoraextra ← vhora*1,5*horaextra
  stotal ← vhoraextra+sal
  Escreva ("O valor em horas extras é :", vhoraextra)
  Escreva ("O salário total:", stotal)
Fim.
```

A seguir, temos outro pseudoalgoritmo para o problema em questão. Nesse caso, utilizamos apenas as variáveis de entrada de dados. O processamento é realizado com a saída de dados.

```
Pseudocódigo - Exemplo 4

Algoritmo exemplo4
Var
sal, horas, horaextra: real
Início
  Escreva ("Informe o salário:")
  Leia (sal)
  Escreva ("Informe o número de horas mensais de trabalho:")
  Leia (horas)
  Escreva ("Informe o número de horas extras realizado:")
  Leia (horaextra)
  Escreva ("O valor em horas extras é:",((sal/horas)*horaextra*1,5))
  Escreva ("O salário total:", (sal + (sal/horas)*horaextra*1,5))
Fim.
```

Exemplo 5

Escrever um algoritmo que leia as informações de código, a descrição de um produto, o estoque inicial, a produção no mês e a demanda. Como saída, apresentar estoque no final do período, dado por:

estoque final = estoque inicial + produção − demanda

Como entrada de dados, devemos obter as informações de código, descrição, estoque inicial, produção do mês e demanda do mês. O processamento envolve o cálculo do estoque final, dado pela expressão anterior. Como saída, devemos apresentar em tela o código do produto, a descrição, o estoque inicial, a produção mensal, a demanda e o estoque final.

A estrutura do problema é apresentada na Figura 1.7, em que podem ser visualizados a entrada, o processamento e a saída de dados que o algoritmo deve executar.

Figura 1.7 - Estrutura do problema: Exemplo 5

Entrada	Processamento	Saída
_ Código _ Descrição _ Estoque inicial _ Produção _ Demanda	_ Calcular o estoque ao final do período	_ Código _ Descrição _ Estoque inicial _ Produção _ Demanda _ Estoque final

Podemos definir duas variáveis do tipo caractere para armazenar as informações de código e a descrição do produto e quatro variáveis inteiras para armazenar o estoque inicial, a produção, a demanda e o estoque final. Apresentamos a seguir um pseudocódigo para o problema de calcular o estoque final de um produto.

```
Pseudocódigo - Exemplo 5

Algoritmo exemplo5
Var
estoquef, estoquei, produção, demanda: inteira
codigo, descricao: caractere[20]
Início
  Escreva ("Informe o código do produto:")
  Leia (codigo)
  Escreva ("Informe a descrição do produto:")
  Leia (horas)
  Escreva ("Informe o estoque inicial do mês:")
  Leia (estoquei)
  Escreva ("Informe a produção do mês:")
  Leia (producao)
  Escreva ("Informe a demanda do mês:")
  Leia (demanda)
  estoquef ← estoquei + producao - demanda
  Escreva ("Código:", codigo)
  Escreva ("Descrição:", descricao)
  Escreva ("Estoque inicial:", estoquei)
  Escreva ("Produção:", producao)
  Escreva ("Demanda:", demanda)
  Escreva ("Estoque final:", estoquef)
Fim.
```

linguagem, programação e banco de dados:

O problema pode ser resolvido com um número menor de variáveis. Para isso, temos de realizar o processamento diretamente na saída, como pode ser visto no pseudocódigo a seguir.

```
Pseudocódigo - Exemplo 5

Algoritmo exemplo5
Var
estoquei, produção, demanda: inteira
codigo, descricao: caractere[20]
Início
  Escreva ("Informe o código do produto:")
  Leia (codigo)
  Escreva ("Informe a descrição do produto:")
  Leia (horas)
  Escreva ("Informe o estoque inicial do mês:")
  Leia (estoquei)
  Escreva ("Informe a produção do mês:")
  Leia (producao)
  Escreva ("Informe a demanda do mês:")
  Leia (demanda)
  Escreva ("Código:", codigo)
  Escreva ("Descrição:", descricao)
  Escreva ("Estoque inicial:", estoquei)
  Escreva ("Produção:", producao)
  Escreva ("Demanda:", demanda)
  Escreva ("Estoque final:", (estoquei + producao - demanda))
Fim.
```

[síntese]

O conteúdo deste capítulo está centrado em três eixos: sociedade tecnológica, processamento de dados e algoritmos. A sociedade tecnológica utiliza cada vez mais os recursos de *hardware* e de *software* no dia a dia para desempenhar suas atividades profissionais ou até mesmo pessoais. Como vimos, o processamento de dados envolve três etapas: entrada, processamento e saída de dados. Os algoritmos podem ser descritos por meio de descrição narrativa, fluxograma ou pseudocódigo, envolvem o uso das operações apresentadas no processamento de dados e utilizam as variáveis para armazenar os dados.

Figura 1.8 – Síntese do capítulo "Introdução à informática e aos algoritmos"

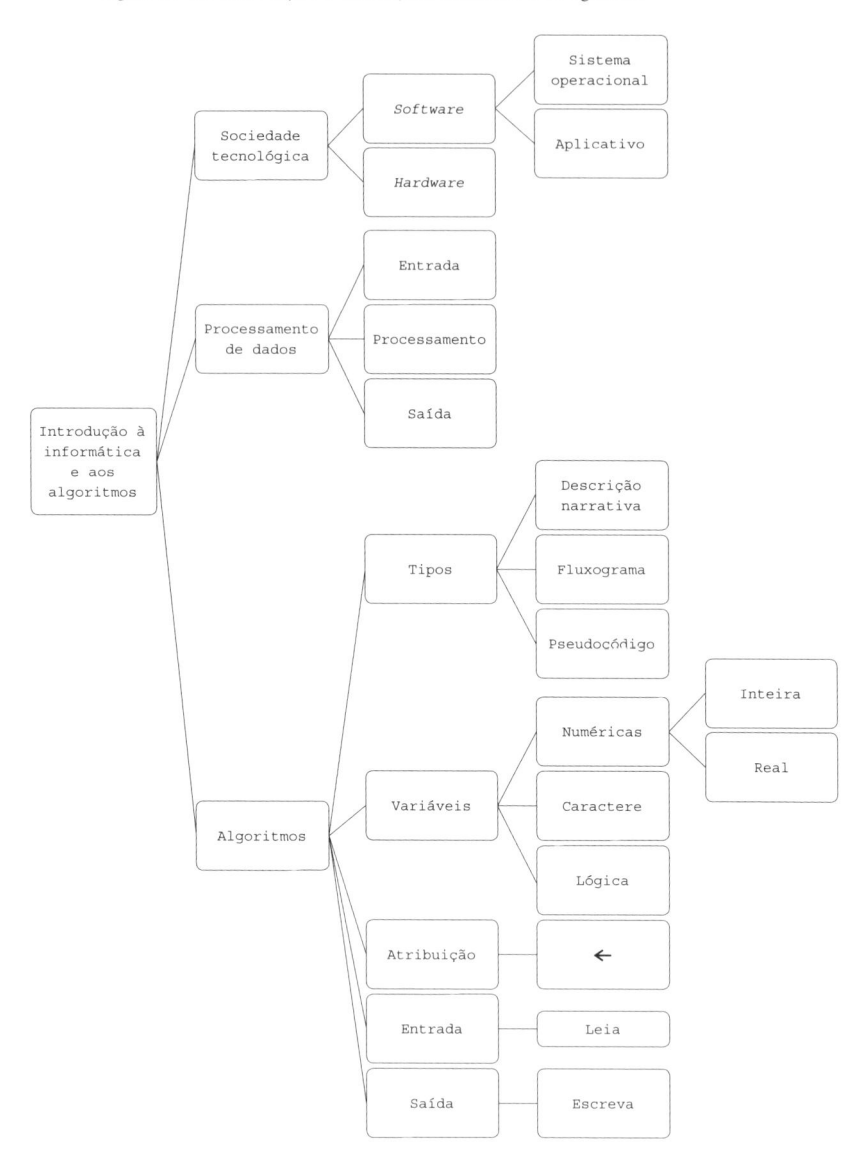

- Introdução à informática e aos algoritmos
  - Sociedade tecnológica
    - Software
      - Sistema operacional
      - Aplicativo
    - Hardware
  - Processamento de dados
    - Entrada
    - Processamento
    - Saída
  - Algoritmos
    - Tipos
      - Descrição narrativa
      - Fluxograma
      - Pseudocódigo
    - Variáveis
      - Numéricas
        - Inteira
        - Real
      - Caractere
      - Lógica
    - Atribuição
      - ←
    - Entrada
      - Leia
    - Saída
      - Escreva

[exercícios resolvidos]

1. Elabore uma descrição narrativa para o preparo de um bolo.
   1. Colocar margarina e ovos.
   2. Bater ovos e margarina.
   3. Acrescentar farinha e açúcar.
   4. Misturar os ingredientes.
   5. Acrescentar leite.
   6. Misturar os ingredientes.
   7. Acrescentar fermento.
   8. Misturar os ingredientes.
   9. Untar a forma.
   10. Despejar a mistura na forma.
   11. Colocar para assar.

2. Elabore a descrição narrativa para trocar o pneu de um carro.
   1. Pegar o estepe.
   2. Pegar a chave de roda.
   3. Pegar o macaco.
   4. Suspender o carro.
   5. Desparafusar a roda.
   6. Remover a roda.
   7. Colocar o estepe.
   8. Parafusar a roda.
   9. Abaixar o carro.
   10. Guardar o pneu.
   11. Guardar a chave de roda.
   12. Guardar o macaco.

3. Construa um fluxograma de um algoritmo que receba o valor de uma prestação, a taxa de juros diária (%) e o número de dias atrasados e que calcule o valor a ser pago.

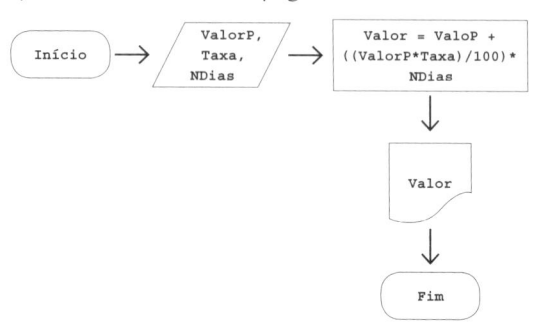

```
Início → / ValorP, Taxa, NDias / → | Valor = ValoP + ((ValorP*Taxa)/100)* NDias |
                                                    ↓
                                                  Valor
                                                    ↓
                                                   Fim
```

4. Faça um fluxograma de um algoritmo que calcule a área de um quadrado.

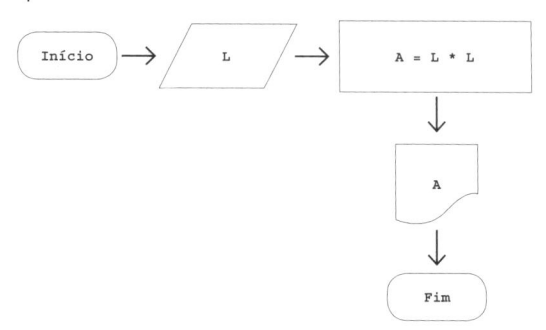

```
Início → / L / → | A = L * L |
                        ↓
                        A
                        ↓
                       Fim
```

5. Elabore o pseudocódigo de um algoritmo que calcule a área e o perímetro de um círculo.

    ```
    Algoritmo exercicio5
    Var
    perimetro, raio: real
    Início
      Escreva ("Informe o raio do círculo:")
      Leia (raio)
      perimetro ← 2*pi*raio
      Escreva ("O perímetro do círculo é:", perimetro)
    Fim.
    ```

6. Elabore o pseudocódigo de um algoritmo que receba o nome e o sobrenome de uma pessoa, que o armazene em uma variável e que depois imprima o nome completo.

    ```
    Algoritmo exercicio6
    Var
    nome, sobrenome: caractere[20]
    ncompleto: caractere[40]
    Início
      Escreva ("Informe o nome:")
      Leia (nome)
      Escreva ("Informe o sobrenome:")
      Leia (sobrenome)
      ncompleto ← nome + sobrenome
      Escreva ("O nome completo é:", ncompleto)
    Fim.
    ```

7. Escreva um algoritmo que receba a base e a altura de um retângulo e que calcule o perímetro e a área.

    ```
    Algoritmo exercicio7
    Var
    base, altura, area, perimetro: real
    Início
      Escreva ("Informe a base:")
      Leia (base)
      Escreva ("Informe a altura:")
      Leia (altura)
      area ← 2*pi*raio
      perimetro ← 2*pi*raio
      Escreva ("O perímetro do retângulo é:", perimetro)
      Escreva ("A área do retângulo é:", perimetro)
    Fim.
    ```

8. Construa um algoritmo que receba dois números e que apresente as operações de soma, subtração, multiplicação e divisão entre esses números.

```
Algoritmo exercicio8
Var
n1, n2, soma, subtracao, mult, divisao: real
Início
  Escreva ("Informe o primeiro número:")
  Leia (n1)
  Escreva ("Informe o segundo número:")
  Leia(n2)
  soma ← n1+n2
  subtracao ← n1/n2
  divisao ← n1/n2
  mult ← n1*n2
  Escreva ("A soma é:", soma)
  Escreva ("A subtração é:", subtracao)
  Escreva ("A multiplicação é:", mult)
  Escreva ("A divisão é:", divisao)
Fim.
```

9. Elabore um algoritmo que receba um número real e que apresente sua parte inteira e sua parte fracionária.

```
Algoritmo exercicio9
Var
numero, pinteira, pfracionaria: real
Início
  Escreva ("Informe um número:")
  Leia (numero)
  pfracionaria ← frac(numero)
  pinteira ← numero-pfracionaria
  Escreva ("A parte inteira é:", pinteira)
  Escreva ("A parte fracionária é:", pfracionaria)
Fim.
```

10. Escreva um algoritmo que receba quatro notas e que apresente a média aritmética entre elas.

```
Algoritmo exercicio10
Var
nota1, nota2, nota3, nota4, media: real
Início
  Escreva ("Informe a primeira nota:")
  Leia (nota1)
  Escreva ("Informe a segunda nota:")
  Leia (nota2)
  Escreva ("Informe a terceira nota:")
  Leia (nota3)
  Escreva ("Informe a quarta nota:")
  Leia (nota4)
  media ← (nota1+nota2+nota3+nota4)/4
  Escreva ("A média das notas é:", media)
Fim.
```

[questões para revisão]

1. Identifique os tipos de algoritmos.

2. Qual é a vantagem associada ao pseudocódigo?

3. Diferencie *constantes* de *variáveis*.

4. Por que não devemos declarar todas as variáveis numéricas como reais, se o conjunto dos reais engloba os números inteiros?

5. Assinale os nomes de identificadores corretos.

( ) idade   ( ) nome completo

( ) sexo   ( ) produto

( ) média   ( ) qtdade_total

( ) 2nota   ( ) 12financeiro

( ) soma faltas   ( ) 1mes

( ) pontuação   ( ) media

6. Elabore uma descrição narrativa para efetuar a troca de uma lâmpada.

7. Escreva um algoritmo que leia matrícula, nome e salário de um funcionário e que apresente esses valores.

8. Construa um algoritmo que leia um número, que calcule a raiz quadrada e que identifique a parte fracionária e o quadrado desse número.

9. Formule um algoritmo que calcule a área de um círculo.

10. Formule um algoritmo que leia o valor do salário e o percentual de desconto do INSS e que apresente o salário líquido e o salário bruto.

[para saber mais]

EBERSPACHER, H. F.; FORBELLONE, A. L. V. **Lógica de programação**: a construção de algoritmos e estruturas de dados. 3. ed. São Paulo: Makron Books, 2005.

MANZANO, J. A. N. G.; OLIVEIRA, J. F. **Algoritmos**: lógica para desenvolvimento de programação de computadores. São Paulo: Érica, 2014.

PAIVA, S. **Introdução à programação**: do algoritmo às linguagens atuais. Rio de Janeiro: Ciência Moderna, 2008.

```
0000_0010 = II
```

Conteúdos do capítulo

_ Estrutura de seleção.
_ Estrutura de repetição.

Após o estudo deste capítulo, você será capaz de:

1. compreender a importância da estrutura de seleção;
2. construir algoritmos com desvio de fluxo;
3. aplicar as estruturas de seleção simples, composta, encadeada e de decisão múltipla;
4. entender o funcionamento de uma estrutura de repetição;
5. elaborar algoritmos com repetição de um trecho de código;
6. saber quando utilizar cada uma das estruturas de repetição.

seleção_e_
repetição

Neste capítulo, você aprenderá a construir algoritmos com desvio de fluxo e com a repetição de determinado trecho de código, sem ter de ficar repetindo um mesmo trecho de código diversas vezes.

Estudaremos as estruturas de seleção, as quais nos permitem impor condições para a execução de determinada instrução. Examinaremos as estruturas condicionais simples, composta, encadeada e de decisão múltipla. Veremos também quais são as estruturas de repetição (laço condicional e laço contado) e como cada uma delas funciona. Ao final deste capítulo, você saberá formular algoritmos utilizando as estruturas de seleção e repetição.

[estrutura de seleção]

Você já conhece a estrutura de um algoritmo e é capaz de construir algoritmos simples, isto é, algoritmos que recebem os dados dos usuários, os processam e como saída apresentam informações aos usuários. Nos casos vistos até aqui, todas as instruções eram executadas de forma sequencial. No entanto, quando consideramos diversas situações práticas, temos de realizar alguns testes antes de iniciar o processamento de dados.

Se pensarmos nos problemas que servem para calcular a área ou o perímetro de um polígono, teremos de verificar se a entrada de dados está correta. Por exemplo, não podemos aceitar um lado negativo para calcular a área de um quadrado, o raio negativo no caso de um círculo, a quantidade produzida negativa, o preço de um item negativo, a descrição de um produto em branco, o nome de um colaborador em branco, entre outros. A validação dos dados de entrada é uma situação em que o fluxo não é sequencial, por isso temos de realizar algum teste antes de prosseguir com o processamento de dados.

Vamos tomar como exemplo o pagamento de uma conta com cartão de crédito. Após inserirmos as informações de pagamento, é solicitada a senha. Se ela estiver correta, a transação será efetivada; caso contrário (senha errada), será emitida uma mensagem. Esse tipo de situação exige a realização de uma verificação, isto é, o fluxo de execução não é sequencial. Para esses casos, temos de utilizar a estrutura de seleção.

A estrutura de seleção, também denominada *estrutura condicional*, permite desviar o fluxo do programa. Trata-se de uma estrutura de controle de fluxo que permite executar um conjunto de comandos se a condição testada for verdadeira ou executar outro conjunto de comandos se essa condição for falsa. As estruturas de seleção podem ser simples, compostas, encadeadas e de decisão múltipla (Garcia; Lopes, 2002; Ascencio; Campos, 2010).

■ Estrutura de seleção simples

Na estrutura de seleção simples, a execução da instrução só ocorre se a condição testada for verdadeira. A sintaxe da estrutura de seleção simples é:

```
Se (<Condição>) então
<instruções>
fim_se
```

Esse tipo de estrutura tem por objetivo a tomada de uma decisão: se a condição testada for verdadeira, todas as instruções compreendidas entre o **se** e o **fim_se** serão executadas de modo sequencial. Destacamos que, ao término da execução do *fim_se*, o algoritmo segue o fluxo sequencial, isto é, a primeira instrução após o *fim_se* é executada. Caso a condição testada seja falsa, as instruções compreendidas entre o *se* e o *fim_se* não serão executadas e o fluxo seguirá sequencialmente, a partir da primeira instrução após o *fim_se* (Manzano; Oliveira, 2012).

Agora que já conhecemos a estrutura de seleção simples, vamos construir um algoritmo que receba a idade de uma pessoa e que identifique se ela é maior de idade. A entrada de dados consiste em obter a idade, e o processamento consiste em verificar se o valor da variável é maior que 18. Se o valor for maior ou igual a 18, teremos de emitir como saída uma mensagem informando que a pessoa é maior de idade. Na sequência, apresentamos o pseudocódigo para esse problema.

Vamos analisar o algoritmo para facilitar a compreensão do funcionamento da estrutura de seleção simples. Suponha que na entrada de dados recebemos o valor 20 para a variável *idade*. Nesse caso, a condição a ser testada consiste em 20 >= 18, o que retorna um valor verdadeiro. Como o resultado do teste é verdadeiro, temos a execução da instrução *escreva* compreendida entre o *se* e o *fim_se*. Após a execução dessa instrução, temos a finalização do algoritmo. Se tivéssemos recebido na entrada o valor 10 para a variável *idade*, teríamos como condição a ser testada 10 >= 20, o que resulta em falso. Como o resultado do teste é falso, não ocorre a execução das linhas compreendidas entre o *se* e o *fim_se* e temos a finalização do algoritmo.

```
Pseudocódigo - Exemplo estrutura de seleção simples
Algoritmo selecaosimples
Var
idade: real
Início
  Escreva ("Informe a idade:")
  Leia(idade)
  Se (idade >= 18) então
    Escreva ("É maior de idade")
  Fim_se
Fim.
```

Uma condição é uma expressão lógica que sempre retorna como resposta um valor verdadeiro ou falso. Podemos representar uma condição por meio de uma expressão relacional ou por uma expressão lógica (Garcia; Lopes, 2002). Você se recorda dos operadores lógicos e dos operadores relacionais?

> **Atenção!**
> Operadores relacionais: >, <, =, >=, <= e <>
> Operadores lógicos: E, OU e NÃO.

Com base no conceito de estrutura de seleção, fica mais fácil entender como as expressões relacionais são utilizadas nos algoritmos. Você consegue dar um exemplo de expressão relacional?

As expressões lógicas são compostas por pelo menos duas expressões relacionais, as quais são relacionadas por meio de um operador lógico (E, OU e NÃO). Vamos entender o funcionamento de cada um desses operadores com base em uma tabela verdade.

Dadas duas condições, o operador **E** só resulta em verdadeiro quando as duas condições testadas forem verdadeiras (Quadro 2.1), isto é, nos casos em que pelo menos uma condição é falsa, o operador E resulta em falso.

Quadro 2.1 – Operador E

Operador E		
Condição 1	Condição 2	Resultado
Verdadeiro	Verdadeiro	Verdadeiro
Verdadeiro	Falso	Falso
Falso	Verdadeiro	Falso
Falso	Falso	Falso

Fonte: Adaptado de Ascencio; Campos, 2010, p. 43.

Dadas duas condições, o operador **OU** resulta em verdadeiro quando pelo menos uma das condições é verdadeira, ou seja, ele só resulta em falso quando as duas condições forem falsas (Quadro 2.2).

Quadro 2.2 – Operador OU

Operador OU		
Condição 1	Condição 2	Resultado
Verdadeiro	Verdadeiro	Verdadeiro
Verdadeiro	Falso	Verdadeiro
Falso	Verdadeiro	Verdadeiro
Falso	Falso	Falso

Fonte: Adaptado de Ascencio; Campos, 2010, p. 43.

Para o operador **NÃO**, não é necessário termos duas condições, pois ele é um operador unário (Quadro 2.3). Esse operador inverte o resultado lógico e é utilizado nas situações em que temos de estabelecer que dada condição deve não ser verdadeira ou deve não ser falsa.

Quadro 2.3 – Operador NÃO

Operador NÃO	
Condição	Resultado
Verdadeiro	Falso
Falso	Verdadeiro

Fonte: Adaptado de Ascencio; Campos, 2010, p. 43.

> **Atenção!**
> Nas expressões lógicas, utilizamos os operadores relacionais e lógicos. Por exemplo, (Idade >= 1) E (Idade <18).

Estrutura de seleção composta

A estrutura de seleção composta permite, com base na avaliação de uma única expressão lógica, tomar dois caminhos, um para o caso verdadeiro e outro para o falso. Se o resultado da avaliação for verdadeiro, será executada a instrução ou o conjunto de instruções compreendido entre o comando **se** e o **senão**. Se o resultado for falso, temos a execução da instrução ou o conjunto de instruções entre o *senão* e o *fim_se* (Manzano; Oliveira, 2012).

A estrutura de seleção composta é:

```
Se (<Condição>) então
   <instruções para condição verdadeira>
Senão
   <instruções para condição falsa>
fim_se
```

A seguir, mostramos o pseudoalgoritmo para verificar se alguém é maior de idade ou não. Note que, utilizando a estrutura de seleção simples, apenas conseguíamos enviar uma mensagem quando a pessoa fosse maior de idade. Com base na estrutura de seleção composta, conseguimos inserir uma outra mensagem (no caso, "É menor de idade") que informa ao usuário quando a condição verificada não é verdadeira. Supondo que, na entrada de dados, obtivéssemos o valor 10 para a idade, temos que a condição a ser verificada é 10 >= 18. O resultado da verificação dessa condição é falso e, com isso, temos a execução do conjunto de instruções compreendido entre o *senão* e o *fim_se*. Supondo que, na entrada de dados, recebemos o valor 23, nesse caso teríamos 23 >= 18. Essa expressão resulta em verdadeiro e, nesse caso, temos a execução das instruções compreendidas entre o *se* e o *senão*.

```
Pseudocódigo - Exemplo estrutura de seleção composta
Algoritmo selecaocomposta
Var
idade: real
Início
  Escreva ("Informe a idade:")
  Leia (idade)
  Se (idade >= 18) então
    Escreva ("É maior de idade")
  Senão
    Escreva ("É menor de idade")
  Fim_se
Fim.
```

Estrutura de seleção encadeada

A estrutura de seleção encadeada é usada nos casos em que temos de realizar verificações de condições sucessivas. Esse tipo de situação ocorre quando temos uma ação que só poderá ser executada se o conjunto anterior de instruções ou as condições forem satisfeitas. De forma simplificada, a estrutura de seleção encadeada representa uma estrutura de seleção dentro da outra (Garcia; Lopes, 2002; Manzano; Oliveira, 2012).

Para colocar em prática o conceito de estrutura de seleção encadeada, vamos construir um algoritmo que receba a idade de três pessoas e identifique a menor idade dentre as três. A entrada de dados consiste em obter as três idades e armazenar cada uma delas em uma variável inteira. O processamento consiste em comparar essas idades para identificar qual delas é a menor e armazenar a menor idade em uma variável inteira denominada *menor*. Como saída, temos de mostrar na tela a menor idade, ou seja, apresentar o conteúdo da variável menor.

O pseudocódigo para o problema descrito é apresentado a seguir. Para resolver esse problema, utilizamos uma estrutura de seleção dentro da outra, ou seja, uma estrutura de seleção encadeada. É possível resolver esse problema sem usar a estrutura de seleção encadeada? Sim, mas, para isso, teríamos de utilizar um maior número de testes e comparações, isto é, teríamos de que executar mais passos (instruções) na resolução.

Pseudocódigo - Exemplo estrutura de seleção encadeada

```
Algoritmo selecaoencadeada
Var
idade1, idade2, idade3, menor: inteira
Início
  Escreva ("Digite a idade da primeira pessoa:")
  Leia (idade1)
  Escreva ("Digite a idade da segunda pessoa:")
  Leia (idade2)
  Escreva ("Digite a idade da terceira pessoa:")
  Leia (idade3)
  Se (idade1 < idade2) então
    Se (idade1 < idade3) então
      menor ← idade1
    senão
      menor ← idade3
    fim_se
  senão
    Se (idade2 < idade3) então
      menor ← idade2
    senão
      menor ← idade3
    fim_se
  fim_se
  Escreva ("A menor idade é:", menor)
Fim.
```

> **Atenção!**
> A estrutura de seleção encadeada melhora o desempenho do algoritmo.

Estrutura de decisão múltipla

A estrutura de decisão múltipla é uma generalização do *se*, isto é, pode haver uma ou mais condições a serem avaliadas e um comando diferente associado a cada uma delas (Garcia; Lopes, 2002; Manzano; Oliveira, 2012).

A sintaxe da estrutura de decisão múltipla consiste em:

```
caso <variável>
  seja <valor 1> faça <instrução 1>
  seja <valor 2> faça <instrução 2>
  seja <valor N> faça <instrução N>
  senão <instrução>
Fim_caso
```

Fonte: Manzano; Oliveira, 2012, p. 116.

Nesse caso:

- <variável> indica a variável a ser controlada;
- <valor> indica o conteúdo da variável analisado;
- <instrução> refere-se à instrução executada.

Ao entrar em uma instrução de decisão múltipla, isto é, em uma instrução do tipo **caso**, o caso1 é testado: se ele for verdadeiro, a instrução 1 será executada e, após seu término, o fluxo de execução prosseguirá pela primeira instrução após o final da construção (fim_caso); se o caso1 for falso, o caso2 será testado: se este for verdadeiro, a instrução 2 será executada e, ao seu término, a execução prosseguirá normalmente pela instrução seguinte ao final da construção (fim_caso). Caso nenhum teste seja verdadeiro, será executada a instrução do *senão*.

Vamos construir um algoritmo que recebe um número entre 1 e 7 e informa o dia da semana correspondente ao número. A entrada de dados é efetuada de acordo com a leitura de um número inteiro, o qual será armazenado em uma variável do tipo inteira denominada *dia*. O processamento consiste em verificar se esse número é 1, 2, 3, 4, 5, 6 ou 7. Como saída, temos de apresentar o dia da semana correspondente ao número obtido na entrada de dados.

A seguir, apresentamos o pseudocódigo utilizando a estrutura de decisão múltipla.

```
Pseudocódigo - Exemplo estrutura de decisão múltipla

Algoritmo decisaomultipla
Var
dia: inteira
Início
  Escreva ("Informe um número de 1 a 7:")
  Leia (dia)
  Caso (dia)
    Seja 1 faça Escreva ("Domingo")
    Seja 2 faça Escreva ("Segunda")
    Seja 3 faça Escreva ("Terça")
    Seja 4 faça Escreva ("Quarta")
    Seja 5 faça Escreva ("Quinta")
```

```
        Seja 6 faça Escreva ("Sexta")
        Seja 7 faça Escreva ("Sábado")
        Senão Escreva ("Não é um dia de semana")
    Fim_caso
Fim.
```

Qual é a vantagem de usar esse tipo de estrutura? A vantagem é o desempenho do algoritmo, pois, com o uso da estrutura de decisão múltipla, reduzimos o número de comparações a serem executadas, o que impacta o tempo de execução.

> **Atenção!**
> A estrutura de decisão múltipla é, geralmente, utilizada na construção de menus (Garcia; Lopes, 2002, p. 77).

■ Mão na massa I

Nesta seção, colocaremos em prática os conceitos pertinentes às estruturas de decisão.

Exemplo 1

Formular um algoritmo que leia a carga horária total de uma disciplina, duas notas e o número de faltas de um aluno. O algoritmo deve apresentar se o aluno está aprovado (média maior que ou igual a 6 e total de faltas menor que 25%), reprovado (número de faltas superior a 25%) e se ficou para o exame final (média inferior a 6 e total de faltas menor que 25%).

A Figura 2.1 destaca a entrada, o processamento e a saída de dados para o algoritmo. A entrada de dados consiste em obter a carga horária da disciplina, o número total de faltas e as duas notas do aluno. No processamento, temos de calcular a média das notas do aluno, calcular o percentual de faltas e testar, com base no percentual de faltas e na média, se o aluno está reprovado, aprovado ou se ficou para o exame final. A saída de dados é apresentar o *status* do aluno.

Figura 2.1 – Estrutura do problema: Exemplo 1

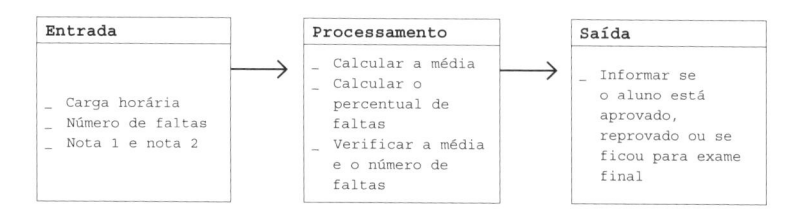

Entrada	Processamento	Saída
_ Carga horária _ Número de faltas _ Nota 1 e nota 2	_ Calcular a média _ Calcular o percentual de faltas _ Verificar a média e o número de faltas	_ Informar se o aluno está aprovado, reprovado ou se ficou para exame final

Temos de declarar uma variável para armazenar a carga horária da disciplina (cargah), o número de faltas (faltas), as duas notas (nota1 e nota2), a média das notas (media) e o percentual de faltas (pfaltas). As variáveis *cargah* e *faltas* são do tipo inteira e as demais são do tipo real.

Observe o pseudocódigo para o algoritmo descrito.

```
Pseudocódigo - Exemplo 1

Algoritmo exemplo1
Var
cargah, falta: inteira
nota1, nota2, media, pfaltas: real
Início
  Escreva ("Informe a carga horária da disciplina:")
  Leia (cargah)
  Escreva ("Informe o número de faltas do aluno:")
  Leia (falta)
  Escreva ("Informe a primeira nota:")
  Leia (nota1)
  Escreva ("Informe a segunda nota:")
  Leia (nota2)
  media ← (nota1+nota2)/2
  pfaltas ← (falta*100)/cargah
  Se (pfaltas > 25) então
    Escreva ("Reprovado")
  senão
    Se (media >= 6) então
      Escreva ("Aprovado")
    senão
      Escreva ("Exame final")
    fim_se
  fim_se
Fim.
```

Exemplo 2

Elaborar um algoritmo que leia o total de um pedido e apresente o total a pagar. A empresa estabelece uma política de descontos em que:

- **Pedido inferior ou igual a R$ 2.000,00 – 1% de desconto.**
- **Pedido com valor entre R$ 2.001,00 e R$ 5.000,00 – 1,5% de desconto.**
- **Pedido superior a R$ 5.000,00 – 2,5% de desconto.**

Na Figura 2.2, apresentamos a estrutura do problema em função de entrada, processamento e saída de dados. A entrada de dados consiste em obter do usuário o valor total do pedido. Como processamento, temos de verificar em qual percentual de desconto o valor do pedido se enquadra e, com base nisso, calcular o valor a ser pago. Na saída de dados, temos de apresentar o valor a pagar.

Figura 2.2 – Estrutura do problema: Exemplo 2

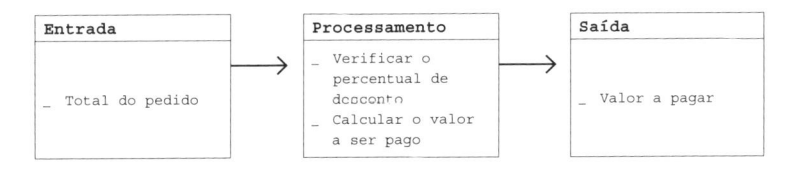

Entrada	Processamento	Saída
_ Total do pedido	_ Verificar o percentual de desconto _ Calcular o valor a ser pago	_ Valor a pagar

Precisamos declarar uma variável para armazenar o total do pedido (total) e uma variável para armazenar o valor com desconto (vtotal). As duas variáveis são do tipo real. Apresentamos a seguir um pseudocódigo para o problema em questão. Nesse pseudocódigo, utilizamos os operadores relacionais e lógicos. Além disso, temos uma estrutura condicional simples para cada faixa de desconto.

```
Pseudocódigo - Exemplo 2

Algoritmo exemplo2
Var
total, vtotal: real
Início
  Escreva ("Informe o valor do pedido:")
  Leia (total)
  Se (total <=2000) então
    vtotal ← total - (total*0,01)
  fim_se
  Se (total > 2000) E (total <= 5000) então
    vtotal ← total - (total*0,015)
  fim_se
  Se (total > 5000) então
    vtotal ← total - (total*0,025)
  fim_se
  Escreva ("O valor total do pedido é:", vtotal)
Fim.
```

Observe outro pseudocódigo para o problema. Nesse caso, utilizamos a estrutura de seleção encadeada, o que gera um número menor de testes condicionais.

```
Pseudocódigo - Exemplo 2

Algoritmo exemplo2
Var
total, vtotal: real
Início
  Escreva ("Informe o valor do pedido:")
  Leia (total)
  Se (total <=2000) então
    vtotal ← total - (total*0,01)
  senão
    Se (total <=5000) então
      vtotal ← total - (total*0,015)
    senão
      vtotal ← total - (total*0,025)
    fim_se
  fim_se
  Escreva ("O valor total do pedido é:", vtotal)
Fim.
```

Exemplo 3

Formular um algoritmo que informe a taxa de juros para o financiamento de um imóvel de acordo com o valor do imóvel e o valor da entrada.

_ **Entrada maior que 30% – taxa de juros de 0,7%.**

- **Entrada entre 21% e 30%** – taxa de juros de 0,9%.
- **Entrada entre 10 e 20%** – taxa de juros de 1%.
- **Entrada menor que 10%** – taxa de juros de 2,5%.

A Figura 2.3 mostra a estrutura do problema em termos de entrada, processamento e saída de dados. A entrada de dados consiste em obter o valor do imóvel e da entrada. Como processamento, temos de calcular o percentual da entrada e verificar a taxa de juros. Na saída de dados, temos o percentual da taxa de juros para o financiamento.

Figura 2.3 – Estrutura do problema: Exemplo 3

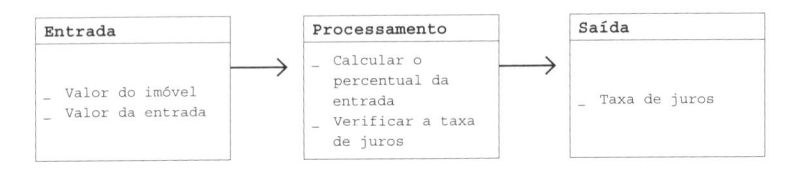

Entrada	Processamento	Saída
_ Valor do imóvel _ Valor da entrada	_ Calcular o percentual da entrada _ Verificar a taxa de juros	_ Taxa de juros

Precisamos declarar uma variável para armazenar o valor do imóvel (valor), o valor da entrada (ventrada) e o percentual da entrada (pentrada). Essas variáveis são do tipo real. Mostramos a seguir o pseudocódigo para o problema descrito.

```
Pseudocódigo - Exemplo 3

Algoritmo exemplo3
Var
valor, ventrada, pentrada: real
Início
  Escreva ("Informe o valor do imóvel:")
  Leia (valor)
  Escreva ("Informe o valor da entrada:")
  Leia (ventrada)
  pentrada ← (ventrada * 100)/valor
  Se (pentrada > 30) então
    Escreva ("Taxa de juros de 0,7%")
  fim_se
  Se (pentrada >= 21) E (pentrada <= 30) então
    Escreva ("Taxa de juros de 0,9%")
  fim_se
  Se (pentrada >= 10) E (pentrada <= 20) então
    Escreva ("Taxa de juros de 1%")
  fim_se
```

```
  Se (pentrada < 10) então
    Escreva ("Taxa de juros de 2,5%")
  fim_se
  Escreva ("O valor total do pedido é:", vtotal)
Fim.
```

Observe a seguir outro pseudocódigo para o problema, em que utilizamos a estrutura de seleção encadeada.

```
Pseudocódigo - Exemplo 3

Algoritmo exemplo3
Var
valor, ventrada, pentrada: real
Início
  Escreva ("Informe o valor do imóvel:")
  Leia (valor)
  Escreva ("Informe o valor da entrada:")
  Leia (ventrada)
  pentrada ← (ventrada * 100)/valor
  Se (pentrada > 30) então
    Escreva ("Taxa de juros de 0,7%")
  senão
    Se (pentrada >= 21) então
      Escreva ("Taxa de juros de 0,9%")
    senão
      Se (pentrada >= 10) então
        Escreva ("Taxa de juros de 1%")
      senão
        Escreva ("Taxa de juros de 2,5%")
      fim_se
    fim_se
  fim_se
Fim.
```

Exemplo 4

Elaborar um algoritmo em que o usuário selecione a figura geométrica (quadrado, círculo e retângulo) que deseja para calcular a área, leia as medidas necessárias e informe a área da figura.

A Figura 2.4 ilustra a estrutura do problema em função de entrada, processamento e saída de dados. Na entrada de dados, temos de obter a figura geométrica que o usuário deseja e os parâmetros para o cálculo da área. Como processamento, temos de calcular a área da figura selecionada. Na saída de dados, temos de apresentar o valor da área.

Figura 2.4 – Estrutura do problema: Exemplo 4

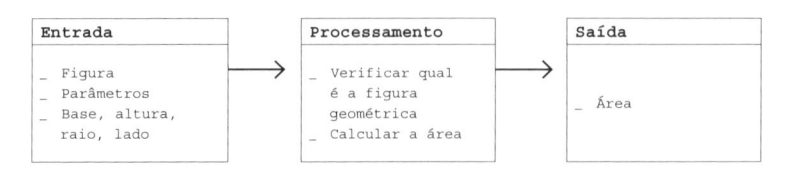

Entrada	Processamento	Saída
_ Figura _ Parâmetros _ Base, altura, raio, lado	_ Verificar qual é a figura geométrica _ Calcular a área	_ Área

Precisamos declarar uma variável inteira para armazenar a figura geométrica selecionada (figura), variáveis para armazenar os parâmetros de lado (lado), base (base), altura (altura) e raio (raio) e uma variável para armazenar o valor da área (area). As variáveis *lado*, *base*, *altura*, *raio* e *area* são do tipo real. Apresentamos a seguir o pseudocódigo para o problema de calcular a área para a figura geométrica selecionada. Nesse pseudocódigo, utilizamos as funções intrínsecas *pi* e *sqr*.

```
Pseudocódigo - Exemplo 4

Algoritmo exemplo4
Var
figura: inteira
area, base, altura, lado, raio: real
Início
  Escreva ("1 ← Quadrado")
  Escreva ("2 ← Retângulo")
  Escreva ("3 ← Círculo")
  Escreva ("Informe o número da figura desejada:")
  Leia (figura)
  Se (figura = 1) então
    Escreva ("Informe o valor do lado")
    Leia (lado)
    area ← lado * lado
    Escreva ("A área do quadrado é:", area)
  senão
    Se (figura = 2) então
      Escreva ("Informe o valor da base")
      Leia (base)
      Escreva ("Informe o valor da altura")
      Leia (altura)
      area ← base * altura
      Escreva ("A área do retângulo é:", area)
    Senão
      Se (figura = 3) então
        Escreva ("Informe o valor do raio")
        Leia (raio)
        area ← pi * sqr(raio)
        Escreva ("A área do círculo é:", area)
      fim_se
    fim_se
  fim_se
Fim.
```

Podemos resolver o problema utilizando a estrutura de decisão múltipla, como pode ser visto a seguir. Note que, usando essa estrutura, reduzimos o número de testes condicionais.

```
Pseudocódigo - Exemplo 4

Algoritmo exemplo4
Var
figura: inteira
area, base, altura, lado, raio: real
Início
  Escreva ("1 ← Quadrado")
  Escreva ("2 ← Retângulo")
  Escreva ("3 ← Círculo")
  Escreva ("Informe o número da figura desejada:")
  Leia (figura)
  Caso (figura)
    Seja 1 faça
      Escreva ("Informe o valor do lado")
      Leia (lado)
      area ← lado * lado
      Escreva ("A área do quadrado é:", area)
    Seja 2 faça
      Escreva ("Informe o valor da base")
      Leia (base)
      Escreva ("Informe o valor da altura")
      Leia (altura)
      area ← base * altura
      Escreva ("A área do retângulo é:", area)
    Seja 3 faça
      Escreva ("Informe o valor do raio")
      Leia(raio)
      area ← pi * sqr(raio)
      Escreva ("A área do círculo é:", area)
    Senão Escreva ("Não é uma opção válida")
  Fim_caso
Fim.
```

[estrutura de repetição]

No desenvolvimento de algoritmos, às vezes temos de repetir um conjunto de instruções, por exemplo, efetuar a leitura de vários números e somá-los, validar um dado recebido do usuário e deixá-lo prosseguir apenas quando a validação for atendida (Barbosa; Salvetti, 2004; Ascencio; Campos, 2010).

Para essas situações e para tantas outras, podemos criar um *loop* para efetuar o processamento de um conjunto de instruções quantas vezes forem necessárias. As estruturas de repetição são chamadas, também, de *laços de repetição* (Ascencio; Campos, 2010).

A repetição de um trecho de código pode estar relacionada a uma condição (laço condicional) ou a um número fixo de vezes (laço contado). O **laço contado** é utilizado quando sabemos quantas vezes o trecho de código precisa ser repetido. A estrutura utilizada para representar os laços contados é a **estrutura *para***. O **laço condicional** é utilizado quando o número de repetições está relacionado a uma condição que pode ser alterada dentro do laço. Os laços condicionais podem ter o teste lógico no início (**estrutura *enquanto***) ou ao final (**estrutura *repita***), configurando, assim, duas estruturas de repetição.

Quando usamos uma estrutura de repetição, não precisamos ficar reescrevendo trechos de código idênticos e, portanto, reduzimos o tamanho do algoritmo (Garcia; Lopes, 2002).

> **Atenção!**
> As estruturas de repetição podem ser encadeadas, isto é, podemos ter uma estrutura de repetição dentro de outra (Garcia; Lopes, 2002, p. 68).

Um ponto importante sobre as estruturas de repetição é que precisamos utilizar variáveis contadoras e acumuladoras. Uma **variável contadora** é a que recebe um valor inicial antes do laço de repetição e, no interior dessa estrutura, seu valor é incrementado em um valor constante. Uma **variável acumuladora** é a que recebe um valor inicial antes da estrutura de repetição e é incrementada no interior dessa estrutura em um valor variável.

> **Atenção!**
> Em uma variável contadora, o valor do incremento é fixo, mas, em uma variável acumuladora, o valor do incremento é variável. Essas variáveis precisam ser inicializadas no início do código.

As seções seguintes descrevem as estruturas de repetição e elucidam como utilizá-las.

■ Estrutura *para*

A estrutura *para* é uma estrutura de repetição de laço contado, isto é, a repetição é realizada um número definido de vezes. Além disso, é utilizada uma variável de controle para controlar o número de repetições. A sintaxe dessa estrutura é:

```
para <variável> de <início> até <fim> passo <incremento> faça
<instruções>
fim_para
```

Nesse caso:

_ *<variável>* indica a variável inteira que controla a repetição;
_ *<início>* e *<fim>* delimitam o intervalo para a execução do laço de repetição; esses parâmetros podem ser constantes inteiras, funções ou expressões que retornem números inteiros (Barbosa; Salvetti, 2004);
_ *<incremento>* representa o valor que será incrementado ou decrementado (se for um valor negativo) a cada iteração.

Vamos utilizar essa estrutura de repetição para a formulação de um algoritmo que soma os números pares que se encontram no intervalo entre 1 e 100. Não há entrada de dados do usuário, o laço de repetição é executado de 1 até 100 e na estrutura do laço é verificado se o número é par ou não. Se o número for par, a variável acumuladora receberá o valor que ela já tem mais o valor da variável *cont*.

```
Pseudocódigo - Exemplo estrutura para

Algoritmo estruturapara
Var
soma, cont: inteira
Início
  soma ← 0
  Para cont de 1 até 100 passo 1 faça
    Se (cont mod 2 = 0) então
      soma ← soma + cont
    fim_se
  fim_para
  Escreva ("A soma é:", soma)
Fim.
```

▪ Estrutura *enquanto*

A estrutura *enquanto* é utilizada quando não sabemos previamente quantas vezes o trecho de código deve ser repetido, isto é, a repetição é baseada em uma condição em que o teste condicional é realizado no início da execução.

A sintaxe dessa estrutura é:

```
Enquanto <condição> faça
<instruções>
fim_enquanto
```

Nessa estrutura, não temos variável de controle, e o *loop* é controlado por uma expressão condicional. Como o teste condicional é executado no início, podem ocorrer situações em que as instruções da estrutura de repetição não sejam executadas (Ascencio; Campos, 2010).

Vamos aplicar a estrutura de repetição na construção de um algoritmo que efetue a leitura de vários nomes até que seja digitado o valor 0.

Observe a seguir um algoritmo para o problema em questão. A variável *nome* é inicializada antes da estrutura de repetição. Outra forma de resolver esse problema é efetuar a leitura da variável *nome* antes do laço de repetição e, depois, dentro do laço de repetição.

```
Pseudocódigo - Exemplo estrutura enquanto

Algoritmo estruturaenquanto
Var
nome: caractere[20]
Início
  nome ← ""
    Enquanto (nome <> "0") faça
    Escreva ("Informe um nome:")
    Leia (nome)
  fim_enquanto
Fim.
```

> **Atenção!**
> Não se esqueça de acrescentar a instrução que modifica o valor da variável usada no teste lógico.

■ Estrutura *repita*

A estrutura *repita* é uma estrutura do tipo laço condicional na qual o teste lógico é executado no final. Como o teste é executado ao final, nesse tipo de estrutura as instruções do laço são executadas pelo menos uma vez.

A sintaxe dessa estrutura é:

```
Repita
  <instruções>
Até_que <condição>
```

De modo análogo ao da estrutura *enquanto*, temos de ter uma instrução que modifique o valor da variável utilizada no teste condicional. Vamos construir o algoritmo que efetua a leitura de vários nomes até que seja digitado o valor 0, utilizando a estrutura *repita*.

A seguir, temos o algoritmo com a estrutura *repita*. Nesse caso, não precisamos inicializar a variável *nome* antes do laço porque a condição foi alterada. Agora temos de efetuar a leitura dos nomes até que o nome lido seja igual a 0.

```
Pseudocódigo - Exemplo estrutura repita

Algoritmo estruturarepita
Var
nome: caractere[20]
Início
  Repita
    Escreva ("Informe um nome:")
    Leia (nome)
  Até que (nome = "0")
Fim.
```

Mão na massa II

Nesta seção, vamos colocar em prática cada uma das estruturas de repetição. Como você já está mais familiarizado com a construção de algoritmos, não vamos mais apresentar a estruturação dos algoritmos em termos de entrada, processamento e saída de dados.

Exemplo 1

Elaborar um algoritmo que leia as informações de descrição e saldo de estoque de dez produtos e apresentar a média dos saldos. Validar os dados de entrada.

```
Pseudocódigo - Exemplo1

Algoritmo exemplo1
Var
estoqueant, estoquet: real
cont: inteira
descricao: caractere[20]
Início
  estoquet ← 0
  Para cont de 1 até 10 passo 1 faça
    Repita
      Escreva ("Informe a descrição:")
      leia(descricao)
    Até que (descricao <> "")
    Repita
      Escreva ("Informe o saldo em estoque:")
      Leia (estoqueant)
    Até que (estoqueant >=0)
    estoquet ← estoquet + estoqueant
  fim_para
  Escreva ("A média de estoque é:", estoquet/10)
Fim.
```

Exemplo 2

Formular um algoritmo que leia os limites inferior e superior de um intervalo e apresentar a soma e a média dos números ímpares compreendidos nesse intervalo. Validar os dados de entrada.

```
Pseudocódigo - Exemplo 2

Algoritmo exemplo2
Var
cont, inf, sup, qtd: inteira
soma: real
Início
  soma ← 0
  qtd ← 0
  Repita
    Escreva ("Informe o limite inferior do intervalo:")
    leia(inf)
  Até que (inf >= 0)
  Repita
    Escreva ("Informe o limite superior do intervalo:")
    Leia (sup)
  Até que (sup > inf)
  Para cont de inf até sup passo 1 faça
    Se (cont mod 2 <> 0) então
      soma ← soma + cont
      qtd ← qtd + 1
    fim_se
  fim_para
  Escreva ("A soma dos números:", soma)
  Escreva ("A média dos números é:", soma/qtd)
Fim.
```

Exemplo 3

Escrever um algoritmo que leia a idade e a altura de várias pessoas, até que seja digitada idade igual a 0. Apresentar a média das idades, a quantidade de pessoas da melhor idade e a média de altura dos menores de idade.

```
Pseudocódigo - Exemplo 3

Algoritmo exemplo3
Var
cont, idade, sup, qtd, qtdi, qtdm: inteira
somai, altura, somaa: real
Início
  somaa ← 0
  somai ← 0
  qtd ← 0
  qtdi ← 0
  qtdm ← 0
```

```
Repita
  Escreva ("Informe a idade:")
  Leia (idade)
  Escreva ("Informe a altura:")
  Leia (altura)
  somai ← somai + idade
  qtd ← qtd + 1
Se (idade < 18) então
  qtdm ← qtdm + 1
  somaa ← somaa + altura
Senão
  Se (idade > 65) então
    qtdi ← qtdi + 1
  fim_se
fim_se
Até que (idade = 0)
Escreva ("A média das idades é:", somai/qtd)
Escreva ("A quantidade de pessoas da melhor idade é:", qtdi)
Escreva ("A média de altura dos menores é:", somaa/qtdm)
Fim.
```

Exemplo 4

Elaborar um algoritmo que leia a descrição de um defeito e o número de itens do lote com defeito até que a descrição seja 0. Informar o total de defeitos, o número médio de defeitos e a descrição do defeito com maior incidência.

```
Pseudocódigo - Exemplo 4

Algoritmo exemplo4
Var
descricao, descricaom: caractere[20]
qtdade, soma, maior, defeito: inteira
Início
  soma ← 0
  maior ← 0
  qtdade ← 0
  Escreva ("Informe a descrição do defeito:")
  Leia (descricao)
  Enquanto (descricao <> "0") faça
    Escreva ("Informe o número de itens com esse defeito:")
    Leia (defeito)
    soma ← soma + defeito
    qtdade ← qtdade +1
    Se (defeito > maior) então
      descricaom ← descricao
    fim_se
    Escreva ("Informe a descrição do defeito:")
    Leia (descricao)
  fim_enquanto
  Escreva ("O número total de defeitos é:", soma)
  Escreva ("O número médio de defeitos é:", soma/qtdade)
  Escreva ("A descrição do defeito com maio incidência é :", descricaom)
Fim.
```

[síntese]

Este capítulo apresentou os conceitos de estrutura de seleção e estrutura de repetição. A estrutura de seleção permite desviar o fluxo de execução e pode ser simples, composta, encadeada ou de decisão múltipla. A estrutura de repetição possibilita repetir determinado trecho de código quantas vezes forem necessárias. Essa repetição pode ser baseada em um laço contado ou em um laço condicional.

Figura 2.5 – Síntese do capítulo "Seleção e repetição"

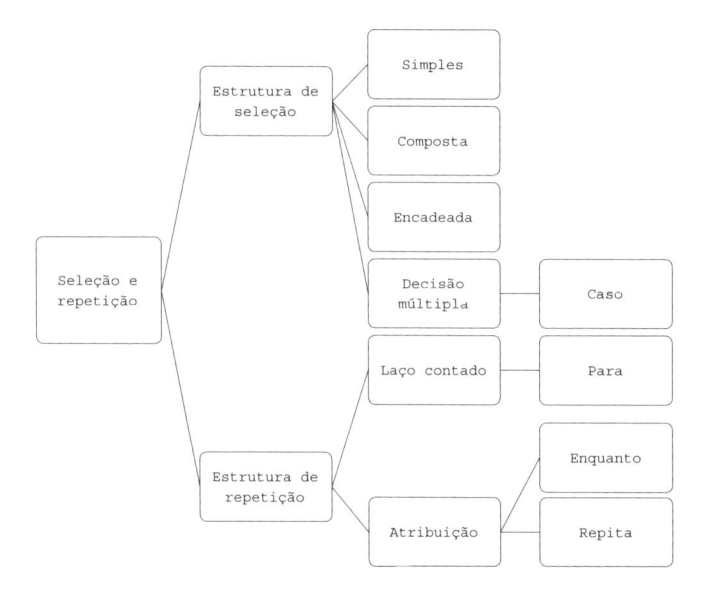

```
                                    ┌─ Simples
                    ┌─ Estrutura de ─┼─ Composta
                    │    seleção    ├─ Encadeada
                    │                └─ Decisão múltipla ── Caso
Seleção e ──────────┤
repetição           │                ┌─ Laço contado ── Para
                    └─ Estrutura de ─┤                  ┌─ Enquanto
                        repetição    └─ Atribuição ─────┤
                                                        └─ Repita
```

[exercícios resolvidos]

1. Construa um algoritmo que receba três números inteiros e que apresente a quantidade de números negativos e positivos.

```
Algoritmo exercicior1
Var
n1, n2, n3, qpositivo, qnegativo: inteira
Início
   qpositivo ← 0
   qnegativo ← 0
   Escreva ("Informe um número")
   Leia(n1)
   Escreva ("Informe um número")
   Leia(n2)
   Escreva ("Informe um número")
   Leia(n3)
   Se (n1 < 0) então
      qnegativo ← qnegativo + 1
   Senão
      qpositivo ← qpositivo + 1
   fim_se
   Se (n2 < 0) então
      qnegativo ← qnegativo + 1
   Senão
      qpositivo ← qpositivo + 1
   fim_se
   Se (n3 < 0) então
      qnegativo ← qnegativo + 1
   Senão
      qpositivo ← qpositivo + 1
   fim_se
   Escreva ("A quantidade de positivos é:", qpositivo)
   Escreva ("A quantidade de negativos é:", qnegativo)
Fim.
```

2. Escreva um algoritmo que receba um número inteiro e que verifique se ele é divisível por 2 e por 5.

```
Algoritmo exercicior2
Var
num: inteira
Início
   Escreva ("Informe um número inteiro")
   Leia (num)
   Se ((num mod 2 = 0) E (num mod 5 = 0)) então
      Escreva ("O número é divisível por 2 e 5")
   fim_se
Fim.
```

3. Formule um algoritmo que receba o valor de uma prestação e o número de dias em atraso e que calcule o valor a ser pago. Os juros diários são de R$ 0,13. Se o atraso for superior a 30 dias, deve ser cobrada também uma multa de 9% do valor da prestação.

```
Algoritmo exercicior3
Var
natraso: inteira
valorp, valort: real
Início
  Escreva ("Informe o valor da prestação:")
  Leia (valorp)
  Escreva ("Informe a quantidade de dias em atraso:")
  Leia (natraso)
  Se (natraso <=30) então
    valort ← valorp + natraso*0,13
  Senão
    valort ← valorp+natraso*0,13+valorp*0,09
  fim_se
  Escreva ("O valor da atualizado da prestação é:", valort)
Fim.
```

4. Escreva um algoritmo que some os números divisíveis por 3 compreendidos no intervalo entre 100 e 300.

```
Algoritmo exercicior4
Var
soma, cont: inteira
Início
  soma ← 0
  Para cont de 100 até 300 passo 1 faça
    Se (cont mod 3 = 0) então
      soma ← soma + cont
    fim_se
  fim_para
  Escreva ("A soma é: ", soma)
Fim.
```

5. Construa um algoritmo que receba duas notas de 20 alunos e imprima a média de cada aluno e a média geral da turma.

```
Algoritmo exercicior5
Var
nota, mediat, somaa, somat: real
i, j: inteira
Início
  somaa ← 0
  somat ← 0
  Para i de 1 até 20 passo 1 faça
    somaa ← 0
    Para j de 1 até 2 passo 1 faça
      Escreva ("Informe a nota:")
      Leia(nota)
      somaa ← somaa + nota
    fim_para
    Escreva ("A média do aluno é:", somaa/2)
    somat ← somat+somaa
  fim_para
  Escreva ("A média geral é: ", somat/20)
Fim.
```

6. Escreva um algoritmo que receba a especificação do diâmetro de uma peça, leia o diâmetro de cem peças e identifique quantas estão conformes e quantas estão não conformes. Sabe-se que há uma tolerância de mais ou menos 1% em relação à especificação.

```
Algoritmo exercicior6
Var
diametrop, diametroe, ls, li: real
nnc, nc: inteira
Início
  nnc ← 0
  nc ← 0
  Escreva ("Informe o diâmetro padrão:")
  Leia(diametroe)
  ls ← diametroe + diametroe*0,001
  li ← diametroe - diametroe*0,001
  Para i de 1 até 100 passo 1 faça
    Escreva ("Informe o diâmetro da peça", i, ":")
    Leia (diameprop)
    Se ((diametrop <= ls) E (diametrop >= li)) então
      nc ← nc + 1
    Senão
      nnc ← nnc + 1
    fim_se
  fim_para
  Escreva ("O número de peças conformes é :", nc)
  Escreva ("O número de peças não conformes é :", nnc)
Fim.
```

7. Formule um algoritmo que efetue a leitura dos itens de um pedido até que seja digitado o código 0. Para cada item, devem ser lidos a quantidade e o valor unitário. Calcule a média de itens, o valor total de cada item e o total da compra.

```
Algoritmo exercicior7
Var
codigo: caractere[10]
qtdade, sqtdade, nitem: inteira
valort: real
Início
  codigo ← ""
  valort ← 0
  nitem ← 0
  sqtdade ← 0
  Escreva ("Informe o código:")
  Leia (codigo)
    Enquanto (codigo <> "0") faça
    Escreva ("Informe o valor unitário:")
    Leia (valor)
    Escreva ("Informe a quantidade:")
    Leia (qtdade)
    sqtdade ← sqtdade + qtdade
    nitem ← nitem + 1
    valort ← valort + valor*qtdade
    Escreva ("Valor total do item :", valor*qtdade)
    Escreva ("Informe o código:")
    Leia (codigo)
  fim_enquanto
  Escreva ("Valor total da compra:", valort)
  Escreva ("Média de itens:", sqtdade/nitem)
Fim.
```

[questões para revisão]

1. Identifique os erros do algoritmo a seguir.

```
Algoritmo
Var
n1, n2, operacao: inteira
soma: real
Início
  Leia (n1)
  Leia (n2)
  soma ← n1 + n2
  operacao ← n1/n2
  Se (n1 mod 2 = 0) então
    operacao ← 0
  Senão
    operacao ← c1
Fim.
```

2. Formule um algoritmo que leia o sexo utilizando um caractere e que escreva se é masculino ou feminino.

3. Escreva um algoritmo que receba um número inteiro e que verifique se ele está entre 0 e 100.

4. Elabore um algoritmo que receba um número inteiro. Se ele for par, apresente a metade desse número; se ele for ímpar, apresente a parte fracionária e a parte inteira da metade dele.

5. Formule um algoritmo que leia um número inteiro maior que zero.

6. Formule um algoritmo que efetue a leitura do sexo de uma pessoa. Valide a entrada de dados.

7. Escreva um algoritmo que leia a idade e o peso dos jogadores de um time de futebol até que seja informada a idade –1. Apresente a média das idades e o peso do jogador mais velho.

8. Assinale V para as afirmações verdadeiras e F para as falsas.

    ( ) Uma estrutura de repetição do tipo laço contado utiliza sempre uma variável de controle para determinar o início e o fim da repetição.
    ( ) As estruturas de repetição do tipo laço condicional podem realizar o teste lógico no início (enquanto) ou no final (repita).
    ( ) Uma variável contadora é aquela que recebe o valor dela e mais um valor variável.

( ) Na estrutura de repetição *enquanto*, as instruções do interior do laço sempre serão executadas pelo menos uma vez.

9. Construa um algoritmo que leia a descrição do produto e o saldo em estoque de um conjunto de produtos até que seja informada a descrição -1. Apresente a média dos saldos em estoque e a descrição dos produtos que estão com saldo zerado.

[para saber mais]

EBERSPACHER, H. F.; FORBELLONE, A. L. V. **Lógica de programação**: a construção de algoritmos e estruturas de dados. 3. ed. São Paulo: Makron Books, 2005.

PAIVA, S. **Introdução à programação**: do algoritmo às linguagens atuais. Rio de Janeiro: Ciência Moderna, 2008.

```
0000_0011 = III
```

Conteúdos do capítulo

_ Estruturas homogêneas.
_ Estruturas heterogêneas.
_ Sub-rotinas.

Após o estudo deste capítulo, você será capaz de:

1. utilizar as estruturas homogêneas (vetores e matrizes);
2. construir estruturas heterogêneas (registros);
3. definir novas estruturas de dados;
4. identificar procedimentos e funções;
5. implementar algoritmos modularizados;
6. entender as formas de passagem de parâmetros;
7. elaborar sub-rotinas com passagem de parâmetros.

estruturas_homogêneas,_
heterogêneas_e_sub-rotinas

Neste capítulo, você aprenderá a utilizar estruturas de dados que agrupam diversas informações em uma única variável. Essas estruturas podem ser homogêneas (vetores e matrizes) ou heterogêneas (registros). Abordaremos também como trabalhar com a ordenação (método da bolha) e a busca (pesquisa sequencial) em vetores.

Ainda neste capítulo, estudaremos como construir problemas modularizados utilizando sub-rotinas (procedimento ou função). Veremos o escopo das variáveis (local e global) e como é realizada a passagem de parâmetros para as sub-rotinas.

Ao final do capítulo, você saberá a importância das estruturas de dados homogêneas e heterogêneas, sua sintaxe e como utilizá-las. Além disso, será capaz de implementar algoritmos modularizados com passagem de parâmetros, por valor ou por referência.

[estruturas homogêneas]

Estruturas homogêneas são estruturas de dados que possibilitam agrupar informações do mesmo tipo em uma única variável. Esse tipo de estrutura pode ter uma ou mais dimensões. Uma estrutura de dados homogênea unidimensional é denominada *vetor*, e as multidimensionais são denominadas *matrizes*. As seções seguintes abordam detalhadamente cada uma dessas estruturas.

Vetores

Um vetor é um arranjo de elementos armazenados na memória principal que são armazenados de modo sequencial e apresentam o mesmo nome (Garcia; Lopes, 2002).

Um vetor é análogo a uma matriz linha da matemática. Você lembra o que é uma matriz linha? É aquela que tem apenas uma linha, independentemente do número de colunas.

Na Figura 3.1 podemos ver a representação de um vetor. Em um vetor, cada coluna da linha é uma variável com o mesmo nome, ainda que em posição diferente no arranjo. Para identificar a posição de cada variável no arranjo, utilizamos o índice. Wirth (1999) destaca que o índice possibilita que todos os elementos de um vetor sejam igualmente acessíveis a qualquer momento.

Figura 3.1 – Exemplo de vetor

9	1	7	2	8

O vetor da Figura 3.1 apresenta cinco posições: na posição 1, temos o valor 9; na posição 2, o valor 1; na posição 3, o valor 7; na posição 4, o valor 2; na posição 5, o valor 8.

Manzano e Oliveira (2012) apontam que o uso de vetores é associado à criação de tabelas. Quando utilizamos vetores, definimos uma única variável dimensionada com determinado tamanho.

> **Atenção!**
> A dimensão de um vetor deve ser uma constante inteira e positiva (Manzano; Oliveira, 2010, p. 132).

A declaração de um vetor deve ser realizada com as demais variáveis. Da mesma forma que fazemos para as demais variáveis, temos de definir o tipo de dado que o vetor pode armazenar. A sintaxe para declarar um vetor é:

```
Variavel: vetor [<dimensão>] de <tipo de dado>
```

Nesse caso:

- *<dimensão>* representa os valores de início e fim do tamanho do vetor;
- *<tipo de dado>* representa o tipo de dado que o vetor pode armazenar; esse tipo pode ser real, inteiro, lógico ou caractere.

Suponha que precisamos armazenar o saldo em estoque de dez produtos. Nesse caso, vamos utilizar um vetor e sua declaração é dada por:

```
Saldo: vetor [1..10] de inteiro
```

Com base nessa declaração, podemos dizer que a variável é denominada *saldo*, tem dez posições e é do tipo inteiro. Para acessar cada posição do vetor, temos de fazer a especificação do índice. Por exemplo, *saldo[1]* indica o elemento na posição 1 do vetor, *saldo[2]* indica o elemento na posição 2 e assim por diante.

Ao utilizarmos um vetor, não podemos operar sobre ele como um todo, isto é, as operações de atribuição, leitura e escrita devem ser realizadas para cada elemento do vetor. Portanto, nessas operações, temos de utilizar o nome da variável mais o índice.

Atenção!
A entrada e a saída de dados em vetores serão realizadas elemento a elemento. Portanto, realizamos essas operações utilizando uma estrutura de repetição, geralmente a estrutura *para*.

Apresentamos a seguir um exemplo de algoritmo utilizando vetor. No primeiro laço de repetição, é realizada a entrada de dados, elemento a elemento. No segundo laço de repetição, temos a saída de dados.

```
Pseudocódigo - Exemplo vetor

Algoritmo exemplovetor
Var
saldo: vetor [1..10] de inteiro
cont: inteira
Início
  Para cont de 1 até 10 passo 1 faça
    Escreva ("Informe o saldo do", cont, "item:")
    Leia (saldo[cont])
  fim_para
  Para cont de 1 até 10 passo 1 faça
    Escreva ("O saldo do", cont, "item é:", saldo[cont])
  fim_para
Fim.
```

Ordenação

Em diversas situações, precisamos apresentar os dados de forma ordenada, quer sejam numéricos, quer sejam do tipo caractere. Se pensarmos em uma lista de funcionários, é conveniente classificá-la em ordem alfabética para facilitar a localização. Para as variáveis numéricas, podemos utilizar a ordenação crescente ou decrescente.

A ordenação consiste em rearranjar os elementos segundo um critério específico. Em geral, utilizamos a ordenação para facilitar a localização de um elemento (Wirth, 1999).

Há diversos métodos para a ordenação. O mais conhecido é o método da bolha (*bubble sort*), que consiste em percorrer o vetor repetidas vezes, comparando-se os elementos vizinhos. Se eles estiverem fora de ordem, é efetuada a troca de posição.

Vamos tomar como exemplo o vetor apresentado na Figura 3.1 para ilustrar o funcionamento e facilitar o entendimento do método da bolha. Para colocar o vetor em ordem crescente, iniciamos a comparação do elemento da posição 1 (9) com o elemento da posição 2 (1). Como o elemento da posição 2 é menor que o da posição 1, efetuamos a troca; com isso, o elemento da posição 1 passa a ser 1 e o elemento da posição 2 passa a ser 9. Após a troca, o processo de comparação continua. Dessa forma, comparamos o elemento da posição 1 (1) com o elemento da posição 3 (7) e assim por diante. Ao final dessa primeira varredura, temos que o menor elemento se encontra na primeira posição, conforme a Figura 3.2.

Figura 3.2 – Vetor: primeira varredura

1	9	7	2	8

Temos de continuar o processo de percorrer o vetor. No entanto, agora vamos comparar o elemento da posição 2 (9) com os demais elementos do vetor. Comparando o elemento da posição 2 (9) com o elemento da posição 3 (7), temos de efetuar a troca de posição. Após a troca (Figura 3.3), prosseguimos a comparação do elemento da posição 2 (7) com o elemento da posição 4 (2) e novamente temos de realizar a troca de posição.

Figura 3.3 – Vetor: segunda varredura

1	7	9	2	8

Após a troca (Figura 3.4), continuamos o processo de comparação. Agora temos de comparar o elemento da posição 2 (2) com o elemento da posição 5 (8). Como o elemento da posição 2 é menor, não há troca. Ao final desse percurso, temos o segundo menor elemento na posição 2.

Figura 3.4 – Vetor: terceira varredura

1	2	9	7	8

Como o método da bolha é um processo de comparações sucessivas, temos de iniciar a comparação do elemento da posição 3 com os demais elementos. Comparando o elemento da posição 3 (9) com o elemento da posição 4 (7), temos de efetuar mais uma troca, e o vetor passa a ser o apresentado na Figura 3.5. Dando continuidade ao processo de comparação, temos de comparar o elemento da posição 3 (7) com o elemento da posição 5 (8). Como 7 é menor que 8, não há troca.

Figura 3.5 – Vetor: quarta varredura

| 1 | 2 | 7 | 9 | 8 |

Temos de reiniciar o processo de comparação partindo do elemento da posição 4 (9). A única comparação que resta é comparar o elemento da posição 4 (9) com o elemento da posição 5 (8). Como 8 é menor que 5, efetuamos a troca. Não havendo mais comparações a serem realizadas, chegamos ao final do processo de comparações sucessivas e com isso temos o vetor ordenado, conforme a Figura 3.6.

Figura 3.6 – Vetor ordenado

| 1 | 2 | 7 | 8 | 9 |

A seguir, apresentamos um algoritmo que efetua a leitura de dez números e que utiliza o método da bolha para ordená-los, mostrando, como saída, o vetor ordenado. O primeiro laço de repetição efetua a entrada de dados. Para realizar a ordenação, precisamos de uma estrutura de repetição aninhada em que o primeiro laço efetua o percurso até o número de elementos do vetor menos 1 e o segundo laço sempre ocorre em função da variável de controle do primeiro laço.

```
Pseudocódigo - Exemplo ordenação

Algoritmo exemploordena
Var
num: vetor [1..10] de inteiro
i, j, aux: inteira
Início
  Para i de 1 até 10 passo 1 faça
    Escreva ("Informe um número:")
    Leia (num[i])
  fim_para
```

```
Para i de 1 até 9 passo 1 faça
  Para j de i+1 até 10 passo 1 faça
    Se  num[i] > num[j] então
        aux ← num[i]
        num[j] ← num[i]
        num[i] ← num[j]
        fim_se
  fim_para
fim_para
Para i de 1 até 10 passo 1 faça
  Escreva ("O elemento da posição", i, "é:", num[i])
fim_para
Fim.
```

Busca

Frequentemente, precisamos buscar ou verificar se determinado elemento está no vetor. Se considerarmos um vetor "pequeno", é fácil realizar essa busca de forma manual, mas, à medida que o tamanho do vetor aumenta, esse processo manual se torna inviável, conforme destacam Manzano e Oliveira (2012).

Existem métodos que permitem realizar a busca de determinado valor em um vetor. O **método sequencial** é o método de busca mais simples. Ele consiste em percorrer o vetor a partir do primeiro elemento, sequencialmente, até o último, realizando-se os testes lógicos e verificando-se se o elemento do vetor, posição a posição, é igual ao elemento procurado. Wirth (1999) explica que o método sequencial é também denominado *busca linear*. Nesse método, o processo de busca termina quando o elemento é encontrado ou quando todo o vetor foi percorrido e o elemento não foi encontrado.

Apresentamos a seguir um exemplo em que é utilizado o método de busca sequencial. A entrada de dados consiste na leitura de um vetor de dez posições e do número a ser buscado no vetor. Após a entrada de dados, temos o laço de repetição do processo de busca. Esse laço é controlado por duas condições: uma relacionada ao tamanho do vetor e outra ao fato de o elemento já ter sido encontrado. Ao longo do laço, é realizada a verificação, comparando-se o elemento buscado com o elemento do vetor posição a posição. Após o laço de repetição, temos a verificação da variável *acha*: se ela for verdadeira, é porque o elemento buscado está no vetor.

```
Pseudocódigo - Exemplo busca

Algoritmo exemplobusca
Var
num: vetor [1..10] de inteiro
cont, nbusca: inteira
acha: lógica
Início
  Para cont de 1 até 10 passo 1 faça
    Escreva ("Informe um número:")
    Leia (num[i])
  fim_para
  Escreva ("Informe o número a ser buscado:")
  Leia (nbusca)
  cont ← 1
  acha ← falso
  Enquanto (cont <= 10) e (acha = falso) faça
    Se (num[cont] = nbusca) então
      acha ← verdadeiro
    Senão
      cont ← cont + 1
    fim_se
  fim_enquanto
  Se (acha = verdadeiro) então
    Escreva ("O número", nbusca, "está no vetor na posição:", cont)
  Senão
    Escreva ("O número", nbusca, "não está no vetor")
  fim_se
Fim.
```

Matrizes

Uma matriz é uma variável homogênea multidimensional, formada por uma sequência de variáveis do mesmo tipo, com o mesmo nome e alocadas sequencialmente na memória. Para acessar cada elemento da matriz, são utilizados índices; para cada dimensão, deve haver um índice (Ascencio; Campos, 2010; Manzano; Oliveira, 2012).

A declaração de uma matriz é realizada na seção de variáveis. A sintaxe é:

```
Variavel: vetor [<dimensão1>, <dimensão2>] de <tipo de dado>
```

Nesse caso:

- *<dimensão1>* e *<dimensão2>* representam o tamanho da matriz;
- <tipo de dado> representa o tipo de dado que a matriz pode armazenar; os dados podem ser do tipo real, inteiro, lógico ou caractere.

> **Atenção!**
> A dimensão da matriz é formada por constantes inteiras e positivas (Manzano; Oliveira, 2010, p. 132).

Podemos utilizar uma matriz para armazenar o saldo mensal de dez produtos ao longo de um semestre. Com isso, a declaração da matriz seria dada por:

```
Saldo: vetor [1..10, 1..6] de inteiro
```

Nesse exemplo, temos uma matriz com dez linhas (uma para cada produto) e seis colunas (uma para cada mês). A primeira dimensão representa o número de linhas e a segunda, o número de colunas, conforme ilustra a Figura 3.7.

Figura 3.7 – Exemplo de matriz

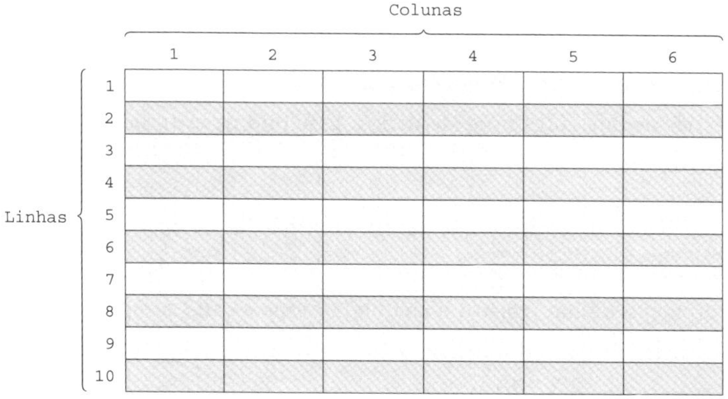

guia prático de aprendizagem

> **Atenção!**
> O número de laços de repetição a ser utilizado nas operações de atribuição, leitura e escrita em matrizes deve ser compatível com o número de dimensões da matriz (Manzano; Oliveira, 2010, p. 135).

Apresentamos a seguir um algoritmo utilizando matrizes. A matriz tem duas dimensões, por isso temos de utilizar dois laços de repetição para as operações de entrada e saída de dados.

```
Pseudocódigo - Exemplo matriz

Algoritmo exemplomatriz
Var
saldo: vetor [1..10;1...6] de inteiro
i, j: inteira
Início
  Para i de 1 até 10 passo 1 faça
    Para j de 1 até 6 passo 1 faça
      Escreva ("Informe o saldo do produto", i, "no mês", j, ":")
      Leia (saldo[i,j])
    fim_para
  fim_para
  Para i de 1 até 10 passo 1 faça
    Para j de 1 até 6 passo 1 faça
      Escreva ("O saldo do produto", i, "no mês", j, "é:", saldo[i,j])
    fim_para
  fim_para
Fim.
```

[estruturas heterogêneas]

Estruturas de dados heterogêneas permitem o agrupamento de informações de diferentes tipos de dados. Esse tipo de estrutura é denominado *registro*.

Registro é uma estrutura que agrega informações de diferentes tipos e que possibilita gerar novos tipos de dados, além dos definidos. Cada informação de um registro é chamada *campo* e cada campo pode ser de um tipo de dado distinto ou até mesmo representar outros registros (Ascencio; Campos, 2010).

Uma estrutura de dados do tipo registro deve ser declarada antes da seção de declaração das variáveis (Manzano; Oliveira, 2012).

A sintaxe para declaração de um registro é:

```
Tipo
  <identificador> = registro
  <lista dos campos e tipo de cada um deles>
fim_registro
var
<variáveis>: <identificador>
```

Nesse caso:

- <identificador> refere-se ao nome do tipo registro;
- <lista dos campos e tipo de cada um deles> refere-se à relação das variáveis que serão usadas como campos e à definição do tipo de dado de cada uma delas.

Para realizar operações sobre os registros, devemos utilizar o nome da variável do tipo registro e seu campo correspondente separado pelo caractere "." (ponto) (Manzano; Oliveira, 2012).

Apresentamos a seguir um algoritmo utilizando registros para armazenar a descrição de um produto e o saldo semestral mês a mês.

```
Pseudocódigo - Exemplo registro

Algoritmo exemploregistro
Tipo
  Cad_produto = registro
  descricao: caractere[20]
  saldo1: inteira
  saldo2: inteira
  saldo3: inteira
  saldo4: inteira
  saldo5: inteira
  saldo6: inteira
fim_registro
```

```
Var
produto: cad_produto
i, j: inteira
Início
  Escreva ("Informe a descrição do produto:")
  Leia (produto.descricao)
  Escreva ("Informe o saldo do mês 1:")
  Leia (produto.saldo1)
  Escreva ("Informe o saldo do mês 2:")
  Leia (produto.saldo2)
  Escreva ("Informe o saldo do mês 3:")
  Leia (produto.saldo3)
  Escreva ("Informe o saldo do mês 4:")
  Leia (produto.saldo4)
  Escreva ("Informe o saldo do mês 5:")
  Leia (produto.saldo5)
  Escreva ("Informe o saldo do mês 6:")
  Leia (produto.saldo6)
Fim.
```

O algoritmo a seguir usa um vetor de registros para a descrição e o saldo semestral de dez produtos.

```
Pseudocódigo - Exemplo registro

Algoritmo exemploregistro
Tipo
saldo = vetor [1..6] de inteiro
Cad_produto = registro
descricao: caractere[20]
saldom: saldo
fim_registro
Var
produto:vetor [1..10] de cad_produto
i, j: inteira
Início
  Para i de 1 até 10 faça
    Escreva ("Informe a descrição do produto:")
    Leia (produto[i].descricao)
    Para j de 1 até 6 passo 1 faça
      Escreva ("Informe o saldo do mês:")
      Leia (produto[i].saldo[j])
    fim_para
  fim_para
  Para i de 1 até 10 faça
    Escreva ("Produto:", produto[i].descricao)
    Para j de 1 até 6 passo 1 faça
      Escreva ("Saldo:", produto[i].saldo[j])
    fim_para
  fim_para
Fim.
```

[sub-rotinas]

Para solucionar problemas complexos utilizando algoritmos, temos de decompô-los em subproblemas mais simples e específicos. Esse processo de decomposição é denominado **refinamento sucessivo** (Eberspacher; Forbellone, 2005).

Os subproblemas gerados são mais simples e específicos que o problema inicial, o que facilita a resolução. Cada subproblema é resolvido por meio de sub-rotinas, as quais permitem a modularização.

Uma sub-rotina é um trecho menor de código que resolve um subproblema. As sub-rotinas também são denominadas *subprogramas*, *módulos* e *subalgoritmos* (Wirth, 1999; Ascencio; Campos, 2010; Manzano; Oliveira, 2012).

Na execução de um algoritmo, as sub-rotinas são carregadas na memória apenas uma vez e podem ser utilizadas quantas vezes forem necessárias. Cada sub-rotina pode conter suas variáveis, denominadas *variáveis locais*, as quais estão acessíveis apenas dentro da sub-rotina. Além disso, em uma sub-rotina, podemos ter acesso às variáveis globais, que são do programa que chamou a execução da sub-rotina (Ascencio; Campos, 2010).

Com a modularização, o problema é decomposto em subproblemas, evitando-se, assim, a repetição de trechos do código fonte (Guimarães; Lages, 1994). Além disso, Wirth (1999) menciona que a modularização facilita o processo de manutenção e o reuso dos algoritmos.

Existem dois tipos de sub-rotinas: procedimentos e funções. **Procedimento** é um trecho de código delimitado por início e fim e apresenta um nome, usado para chamar a rotina de qualquer parte do programa principal ou uma sub-rotina qualquer. Quando uma sub-rotina é chamada, ela é executada e, ao seu término, o processamento retorna à linha seguinte à da instrução que a chamou (Manzano; Oliveira, 2012).

Uma sub-rotina do tipo procedimento não retorna valor para quem a chamou (Ascencio; Campos, 2010). A sintaxe para declaração de um procedimento é:

```
procedimento <nome do procedimento>
var
<variáveis>
início
  <instruções>
fim_procedimento
```

Observe a seguir um algoritmo modularizado por meio do uso de procedimentos. Para cada operação (soma e subtração) foi elaborada uma sub-rotina do tipo procedimento.

```
Pseudocódigo - Exemplo procedimento

Algoritmo exemploprocedimento
Procedimento soma
Var
n1, n2: inteira
Início
  Escreva ("Informe o primeiro número:")
  Leia (n1)
  Escreva ("Informe o segundo número:")
  Leia (n2)
  Escreva ("A soma é:", n1 + n2)
fim_procedimento
Procedimento subtracao
Var
n1, n2: inteira
Início
  Escreva ("Informe o primeiro número:")
  Leia (n1)
  Escreva ("Informe o segundo número:")
  Leia (n2)
  Escreva ("A subtração é:", n1 - n2)
fim_procedimento
Var
opcao: inteira
Início
  Escreva ("1 - Soma")
  Escreva ("2 - Subtração")
  Escreva ("Informe qual operação deseja efetuar")
  Leia (opcao)
  Caso (opcao)
     Seja 1 faça soma
     Seja 2 faça subtracao
     Senão Escreva ("Não é uma opção válida")
  Fim_caso
Fim.
```

> **Atenção!**
> As sub-rotinas (procedimento ou função) devem ser declaradas antes do programa ou da sub-rotina que as chama.

Função é uma sub-rotina que tem como "objetivo desviar a execução do programa principal para realizar uma tarefa específica e sempre retorna um valor" (Ascencio; Campos, 2010, p. 231).

A sintaxe para a declaração de uma função é:

```
função <nome da função> (parâmetros): <tipo da função>
var
<variáveis>
inicio
  <instruções>
  retorne<valor>
fim_função
```

Apresentamos a seguir um algoritmo modularizado utilizando função. Observe que toda função retorna um valor e que, na chamada do programa principal, temos uma variável que recebe a função.

```
Pseudocódigo - Exemplo função

Algoritmo exemplofuncao
Função soma: inteira
Var
n1, n2, result: inteira
Início
  Escreva ("Informe o primeiro número:")
  Leia (n1)
  Escreva ("Informe o segundo número:")
  Leia (n2)
  result ← n1 + n2
  retorne result
fim_função
Função subtração: inteira
Var
n1, n2, result: inteira
Início
  Escreva ("Informe o primeiro número:")
  Leia (n1)
  Escreva ("Informe o segundo número:")
  Leia (n2)
  result ← n1 - n2
  retorne result
fim_função
```

```
Var
opcao, resultado: inteira
Início
  Escreva ("1 - Soma")
  Escreva ("2 - Subtração")
  Escreva ("Informe qual operação deseja efetuar")
  Leia (opcao)
    Caso (opcao)
    Seja 1 faça
      resultado ← soma
      Escreva ("A soma é:", resultado)
    Seja 2 faça
      resultado ← subtracao
      Escreva ("A subtração é:", resultado)
    Senão Escreva ("Não é uma opção válida")
  Fim_caso
Fim.
```

Escopo de variáveis

As variáveis declaradas no interior de uma sub-rotina são chamadas **variáveis locais**, as quais são acessíveis "apenas dentro da sub-rotina e ao final da execução da sub-rotina essas variáveis são destruídas e seus conteúdos são perdidos" (Ascencio; Campos, 2010, p. 231). As **variáveis globais** são declaradas fora das sub-rotinas e estão acessíveis em qualquer parte do algoritmo, inclusive dentro das sub-rotinas e são destruídas somente ao final da execução do algoritmo (Ascencio; Campos, 2010).

O escopo de uma variável refere-se à visibilidade da variável em relação às sub-rotinas de um programa. No algoritmo apresentado em "Pseudocódigo – Exemplo função", temos como variáveis locais *n1* e *n2* e como variável global *opcao*.

> **Atenção!**
> Uma variável declarada antes de uma sub-rotina é uma variável global para a sub-rotina (Garcia; Lopes, 2002, p. 404).

Passagem de parâmetros

Os parâmetros possibilitam a comunicação entre uma sub-rotina (procedimento ou função) e o programa principal ou até mesmo com outra sub-rotina. Há dois tipos de parâmetros: formais e reais (Manzano; Oliveira, 2012).

Os **parâmetros formais** são declarados por meio de variáveis com a identificação do nome da sub-rotina. Os **parâmetros reais** substituem os parâmetros formais quando do uso da sub-rotina por um programa principal ou por uma rotina chamadora.

A passagem de parâmetro ocorre quando é realizada a substituição dos parâmetros formais pelos reais durante a execução da sub-rotina. Essa passagem de parâmetros pode ocorrer de duas formas: por valor e por referência.

Na passagem de parâmetro **por valor**, o valor do parâmetro real não é alterado quando o parâmetro formal é manipulado na sub-rotina. Isso quer dizer que as alterações na variável local da sub-rotina não afetam o valor do parâmetro real correspondente. Nesse tipo de passagem de parâmetro, "a sub-rotina trabalha com cópias dos valores passados no momento de sua chamada" (Ascencio; Campos, 2010, p. 238).

Na passagem de parâmetro **por referência**, os "parâmetros passados para a sub-rotina são endereços de memória ocupados por variáveis" (Ascencio; Campos, 2010, p. 239). Como o acesso a determinado valor é realizado por apontamento do endereço, nesse tipo de passagem de parâmetro o valor do parâmetro real é alterado quando o parâmetro formal é manipulado na sub-rotina.

> **Atenção!**
> Na passagem de parâmetro por referência, devemos inserir a instrução *Var* na declaração da sub-rotina.

Apresentamos a seguir um algoritmo modularizado, por meio de funções, que utiliza a passagem de parâmetros por valor. Nesse caso, as variáveis *n1* e *n2* são os parâmetros formais que receberão o valor das variáveis *num1* e *num2* (parâmetros reais).

```
Pseudocódigo - Exemplo passagem parâmetro

Algoritmo exemploparametro
Função soma (n1, n2: inteira): inteira
Var
result: inteira
Início
  result ← n1 + n2
  retorne result
fim_função
Função subtracao (n1, n2: inteira): inteira
Var
result: inteira
Início
  result ← n1 - n2
  retorne result
fim_função
Var
opcao, resultado, num1, num2: inteira
Início
  Escreva ("Informe o primeiro número:")
  Leia (num1)
  Escreva ("Informe o segundo número:")
  Leia (num2)
  Escreva ("1 - Soma")
  Escreva ("2 - Subtração")
  Escreva ("Informe qual operação deseja efetuar")
  Leia (opcao)
  Caso (opcao)
    Seja 1 faça
       resultado ← soma(num1,num2)
       Escreva ("A soma é:", resultado)
    Seja 2 faça
       resultado ← subtração(num1,num2)
       Escreva ("A subtração é:", resultado)
    Senão Escreva ("Não é uma opção válida")
  Fim_caso
Fim.
```

Mão na massa I

Nesta seção, colocaremos em prática os conceitos relativos às estruturas homogêneas e heterogêneas e às sub-rotinas (procedimentos e funções).

Exemplo 1

Formular um algoritmo que leia a matrícula, o nome, o sexo e o salário de 30 colaboradores. Apresentar a média dos salários, o número de colaboradores do sexo feminino e o número de colaboradores com salário abaixo da média.

```
Pseudocódigo - Exemplo 1

Algoritmo exemplo1
Tipo
  Cad_colaborador= registro
  matricula: caractere[10]
  nome: caractere[20]
  sexo: caractere[1]
  salario: real
fim_registro
Var
colaborador: vetor [1..30] de cad_colaborador
i, j, qtdf, qtds: inteira
soma, media: real
Início
  soma ← 0
  qtdf ← 0
  qtds ← 0
  Para i de 1 até 30 faça
    Escreva ("Informe a matricula:")
    Leia (colaborador[i].matricula)
    Escreva ("Informe o nome:")
    Leia (colaborador[i].nome)
    Escreva ("Informe o sexo:")
    Leia (colaborador[i].sexo)
    Escreva ("Informe o salário:")
    Leia (colaborador[i].salario)
    soma ← soma + colaborador[i].salario
  fim_para
  media ← soma/30
  Para i de 1 até 30 faça
    Se (colaborador[i].salario < media) então
      qtds ← qtds +1
    fim_se
    Se ((colaborador[i].sexo="F") ou (colaborador[i].sexo="f")) então
      qtdf ← qtdf +1
    fim_se
  fim_para
```

```
Escreva ("A média dos salários é:", media)
Escreva ("A quantidade de colaboradores do sexo feminino é:", qtdf)
Escreva ("A quantidade de colaboradores com salário abaixo da
média é:", qtds)
Fim.
```

Exemplo 2

Escrever um algoritmo que leia a ficha de 20 produtos (código, descrição, saldo em estoque, estoque de segurança, tempo de reposição). Apresentar o número de produtos com saldo em estoque menor que o estoque de segurança e o tempo médio para reposição desses produtos.

```
Pseudocódigo - Exemplo 2

Algoritmo exemplo2
Tipo
  Cad_produto= registro
  codigo: caractere[10]
  descricao: caractere[20]
  saldo: inteira
  eseguranca: inteira
  tempor: real
fim_registro
Var
produto: vetor [1..20] de cad_produto
i, j, qtd, qtds: inteira
soma, media: real
Início
  soma ← 0
  qtd ← 0
  Para i de 1 até 20 faça
    Escreva ("Informe o código:")
    Leia (produto[i].codigo)
    Escreva ("Informe a descrição:")
    Leia (produto[i].descricao)
    Escreva ("Informe o saldo em estoque:")
    Leia (produto[i].estoque)
    Escreva ("Informe o estoque de segurança:")
    Leia (produto[i].eseguranca)
    Escreva ("Informe o tempo de reposição:")
    Leia (produto[i].tempor)
    Se (produto[i].estoque < produto[i].eseguranca) então
      soma ← soma + produto[i].tempor
      qtd ← qtd +1
    fim_se
  fim_para
  media ← soma/qtd
  Escreva ("O número de produtos com saldo abaixo do nível de
  segurança é:", qtd)
  Escreva ("O tempo médio de reposição é:", media)
Fim.
```

Exemplo 3

Escrever um algoritmo que leia a ficha de 20 veículos (placa, modelo, ano e categoria). Apresentar a quantidade de veículos por categoria (utilitário, sedã, *hatch*, perua e picape).

```
Pseudocódigo - Exemplo 3

Algoritmo exemplo3
Tipo
Cad_veiculo= registro
placa: caractere[10]
modelo: caractere[20]
ano: inteira
categoria: inteira
fim_registro
Var
veiculo:vetor [1..20] de cad_veiculo
i, j, qtd1, qtd2, qtd3, qtd4, qtd5: inteira
Início
   qtd1 ← 0
   qtd2 ← 0
   qtd3 ← 0
   qtd4 ← 0
   qtd5 ← 0
   Para i de 1 até 20 faça
     Escreva ("Informe a placa:")
     Leia (veiculo[i].placa)
     Escreva ("Informe o modelo:")
     Leia (veiculo[i].modelo)
     Escreva ("Informe o ano :")
     Leia (veiculo[i].ano)
     Repita
        Escreva ("1 — Utilitário:")
        Escreva ("2 — Sedã:")
        Escreva ("3 — Hatch:")
        Escreva ("4 — Perua:")
        Escreva ("5 — Picape:")
        Escreva ("Informe a categoria:")
        Leia(veiculo[i].categoria)
     Até que (veiculo[i].categoria>= 1 e veiculo[i].categoria <= 5)
     Caso (veiculo[i].categoria)
        Seja 1 faça qtd1 ← qtd1+1
        Seja 2 faça qtd2 ← qtd2+1
        Seja 3 faça qtd3 ← qtd3+1
        Seja 4 faça qtd4 ← qtd4+1
        Seja 5 faça qtd5 ← qtd5+1
     Fim_caso
   fim_para
   Escreva ("Utilitário", qtd1)
   Escreva ("Sedã", qtd2)
   Escreva ("Hatch", qtd3)
   Escreva ("Perua", qtd4)
   Escreva ("Picape", qtd5)
Fim.
```

Exemplo 4

Formular um algoritmo modularizado para verificar se um número é par ou ímpar.

```
Pseudocódigo - Exemplo 4

Algoritmo exemplo4
Procedimento parimpar (n1: inteira)
Início
  Se (n1 mod 2 = 0) então
    Escreva ("É par")
  Senão
    Escreva ("É ímpar")
  fim_se
fim_procedimento
Var
num: inteira
Início
  Escreva ("Informe o número:")
  Leia (num)
  Parimpar (num)
Fim.
```

Exemplo 5

Elaborar uma função que receba o salário de um funcionário e o percentual de reajuste. Informar o salário reajustado.

```
Pseudocódigo - Exemplo 5

Algoritmo exemplo5
Função calculareajuste (sal, percentual: real): real
Var
result: inteira
Início
  result ← sal +(sal*percentual)/100
  retorne result
fim_função
Var
salario, preajuste, salariof: real
Início
  Escreva ("Informe o salário:")
  Leia (salario)
  Escreva ("Informe o percentual do reajuste:")
  Leia (preajuste)
  salariof ← calculareajuste(salario,preajuste)
  Escreva ("O salario reajustado é:", salariof)
Fim.
```

Exemplo 6

Formular uma sub-rotina que receba o valor de uma prestação, a taxa de juros diária, o valor da multa e o número de dias em atraso. Apresentar o valor reajustado da prestação.

```
Pseudocódigo - Exemplo 6

Algoritmo exemplo6
Função calculaprestacao (valorp, dias, multa, tx: real): real
Var
resultado: inteira
Início
   resultado ← valorp + multa + ((valorp*tx)/100)*dias
   retorne resultado
fim_função
Var
valor, taxaj, multa, total: real
dias: inteira
Início
  Escreva ("Informe o valor da prestação:")
  Leia (valor)
  Escreva ("Informe o valor da multa:")
  Leia (multa)
  Escreva ("Informe a taxa de juros:")
  Leia (taxaj)
  Escreva ("Informe o número de dias em atraso:")
  Leia (dias)
  total ← calculaprestacao (valor, multa, taxaj, dias)
  Escreva ("O valor total da prestação é:", total)
Fim.
```

[síntese]

As estruturas homogêneas permitem agregar variáveis do mesmo tipo e podem ser vetores ou matrizes. As estruturas heterogêneas agregam variáveis de tipos distintos e são denominadas *registros*. As sub-rotinas são trechos de código menores que resolvem problemas específicos e podem ser do tipo procedimento ou função. As sub-rotinas podem envolver o uso de variáveis locais e globais e a passagem de parâmetros.

Figura 3.8 – Síntese do Capítulo "Estruturas homogêneas, heterogêneas e sub-rotinas"

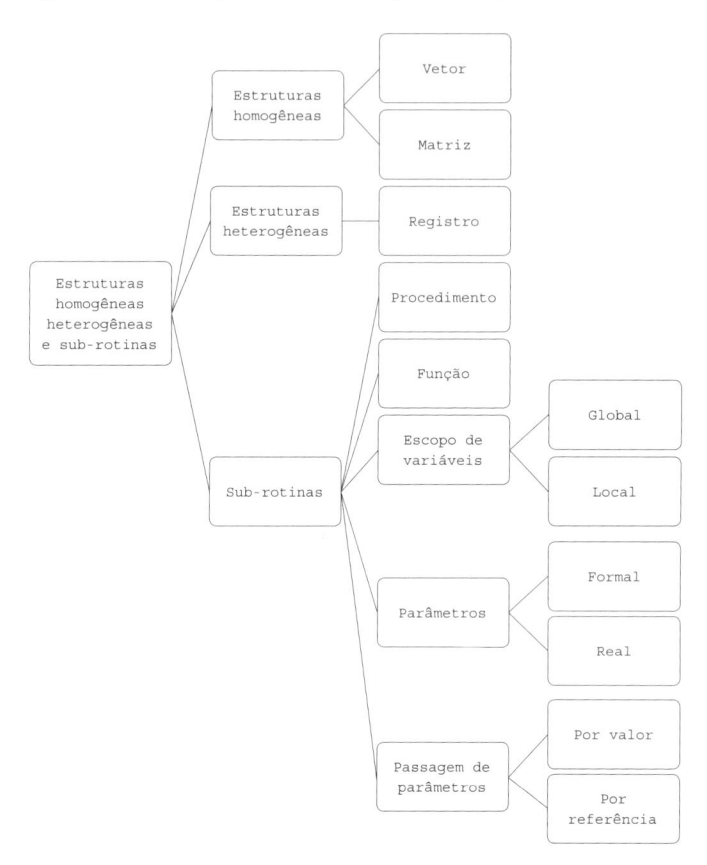

```
Estruturas                 ┌─ Estruturas homogêneas ──┬─ Vetor
homogêneas                 │                          └─ Matriz
heterogêneas ──────────────┼─ Estruturas heterogêneas ── Registro
e sub-rotinas              │
                           └─ Sub-rotinas ──┬─ Procedimento
                                            ├─ Função
                                            ├─ Escopo de variáveis ─┬─ Global
                                            │                       └─ Local
                                            ├─ Parâmetros ─┬─ Formal
                                            │              └─ Real
                                            └─ Passagem de parâmetros ─┬─ Por valor
                                                                       └─ Por referência
```

[exercícios resolvidos]

1. Formule um algoritmo que receba dois vetores de inteiros com dez posições e que apresente a soma, a subtração e a multiplicação entre esses elementos.

```
Algoritmo exercicior1
Var
A, B: vetor [1..10] de inteiro
cont: inteira
Início
  Para cont de 1 até 10 passo 1 faça
    Escreva ("Informe o número da", cont, "posição do vetor A:")
    Leia (A[cont])
  fim_para
  Para cont de 1 até 10 passo 1 faça
    Escreva ("Informe o número da", cont, "posição do vetor B:")
    Leia (B[cont])
  fim_para
  Escreva ("SOMA")
  Para cont de 1 até 10 passo 1 faça
    Escreva ("A soma dos elementos da posição", cont, "é:",
    A[cont]+ B[cont])
  fim_para
  Escreva ("SUBTRAÇÃO")
  Para cont de 1 até 10 passo 1 faça
    Escreva ("A subtração dos elementos da posição", cont, "é:",
    A[cont] - B[cont])
  fim_para
  Escreva ("MULTIPLICAÇÃO")
  Para cont de 1 até 10 passo 1 faça
    Escreva ("A multiplicação dos elementos da posição", cont,
    "é:", A[cont] * B[cont])
  fim_para
Fim.
```

2. Escreva um algoritmo que leia quatro notas de 20 alunos, que calcule a média e que informe se o aluno está aprovado ou reprovado.

```
Algoritmo exercicior2
Var
nota: vetor [1..20;1...4] de real
media: vetor [1..20] de real
i, j: inteira
soma: real
Início
  Para i de 1 até 20 passo 1 faça
    soma ← 0
    Para j de 1 até 4 passo 1 faça
      Escreva ("Informe a nota", j, "do aluno", i, ":")
      Leia (nota[i,j])
      soma ← 0 soma + nota[i,j]
    fim_para
    media[i] ← soma/4
  fim_para
  Para i de 1 até 20 passo 1 faça
    Se (media[i] >= 6) então
      Escreva ("Aprovado")
    Senão
      Escreva ("Reprovado")
    fim_se
  fim_para
Fim.
```

3. Escreva um algoritmo que leia as informações pessoais (matrícula, nome, sexo e idade) de 20 colaboradores.

```
Algoritmo exercicior3
Tipo
Cad_colaborador = registro
matricula: caractere[10]
nome: caractere[20]
sexo: caractere[1]
idade: inteiro
fim_registro
Var
colaborador: vetor [1..20] de cad_colaborador
i: inteira
Início
  Para i de 1 até 20 faça
    Escreva ("Informe a matricula:")
    Leia (colaborador[i].matricula)
    Escreva ("Informe o nome:")
    Leia (colaborador[i].nome)
    Escreva ("Informe o sexo :")
    Leia (colaborador[i].sexo)
    Escreva ("Informe a idade:")
    Leia (colaborador[i].idade)
  fim_para
  Para i de 1 até 20 faça
    Escreva ("Matricula:", colaborador[i].matricula)
    Escreva ("Nome:", colaborador[i].nome)
    Escreva ("Sexo:", colaborador[i].sexo)
    Escreva ("Idade:", colaborador[i].idade)
  fim_para
Fim.
```

4. Elabore um algoritmo para uma calculadora que realiza as operações de soma, subtração, multiplicação e divisão entre dois números.

```
Algoritmo exercicior4
Função soma (n1, n2: inteira): inteira
Var
result: inteira
Início
    result ← n1 + n2
    retorne result
fim_função
Função subtracao (n1, n2: inteira): inteira
Var
result: inteira
Início
   result ← n1 - n2
   retorne result
fim_função
Função multiplicacao (n1, n2 : inteira): inteira
Var
result: inteira
Início
   result ← n1 * n2
   retorne result
fim_função
Função divisao (n1, n2: inteira): inteira
Var
result: inteira
Início
   Se (n2 <> 0) então
      result ← n1/n2
   Senão
      result ← 0
   fim_se
   retorne result
fim_função
Var
opcao, resultado, num1, num2: inteira
Início
   Escreva ("Informe o primeiro número:")
   Leia (num1)
   Escreva ("Informe o segundo número:")
   Leia (num2)
   Escreva ("1 - Soma")
   Escreva ("2 - Subtração")
   Escreva ("3 - Multiplicação")
   Escreva ("4 - Divisão")
   Escreva ("Informe qual operação deseja efetuar")
   Leia (opcao)
   Caso (opcao)
     Seja 1 faça
        resultado ← soma(num1,num2)
        Escreva ("A soma é:", resultado)
     Seja 2 faça
        resultado ← subtracao(num1,num2)
        Escreva ("A subtração é:", resultado)
     Seja 3 faça
        resultado ← multiplicacao(num1,num2)
        Escreva ("A multiplicação é:", resultado)
     Seja 4 faça
        resultado ← divisao(num1,num2)
        Escreva ("A divisao é:", resultado)
     Senão Escreva ("Não é uma opção válida")
   fim_caso
Fim.
```

[questões para revisão]

1. Assinale V para as afirmações verdadeiras e F para as falsas.

    ( ) As estruturas de dados homogêneas agregam informações do mesmo tipo e são divididas em vetores e registros.

    ( ) As estruturas de dados heterogêneas permitem gerar novos tipos de dados.

    ( ) A modularização evita a repetição de trechos de código e facilita o entendimento do algoritmo e dos testes.

    ( ) Uma sub-rotina do tipo procedimento caracteriza-se por sempre retornar um valor.

    ( ) Os parâmetros reais substituem os formais quando do uso da sub-rotina.

2. Elabore um algoritmo que receba dois vetores de inteiros de dez posições e que apresente o dobro da soma entre os elementos.

3. Formule um algoritmo que leia um vetor com 15 elementos e que os apresente em ordem contrária à da leitura.

4. Escreva um algoritmo que leia as informações de 20 produtos (código, descrição e valor).

5. Elabore um algoritmo que leia informações (código, descrição, tamanho, cor e preço) de 40 peças de roupa. Deve ser permitido executar quantas consultas o operador desejar, em que ele digita o código e são apresentados a descrição e o preço. Se o código não existir, informar o usuário *INEXISTENTE*.

[para saber mais]

BIANCHI, F. et al. **Algoritmos e programação de computadores**. Rio de Janeiro: Campus, 2012.

FERTIG, C.; MEDINA, M. **Algoritmos e programação**: teoria e prática. São Paulo: Novatec, 2005.

PAIVA, S. **Introdução à programação**: do algoritmo às linguagens atuais. Rio de Janeiro: Ciência Moderna, 2008.

```
0000_0100 = IV
```

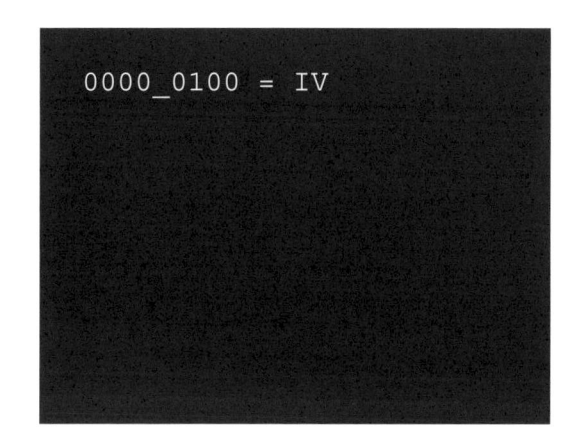

Conteúdos do capítulo

- Banco de dados.
- Modelagem de banco de dados.
- Modelo entidade-relacionamento.
- Modelo relacional.
- Normalização.

Após o estudo deste capítulo, você será capaz de:

1. compreender o que é um banco de dados;
2. apontar a importância de um banco de dados para os negócios;
3. entender os modelos de banco de dados;
4. entender o modelo entidade-relacionamento;
5. construir e interpretar um diagrama entidade-relacionamento;
6. elaborar um modelo relacional.

introdução_ao_banco_de_dados

O banco de dados é crucial para o desenvolvimento de qualquer sistema de informação em uma organização, pois ele possibilita o armazenamento e a manipulação dos dados de forma rápida e eficiente, justamente numa época em que é crescente o volume de dados gerados em todos os setores. Além disso, é uma ferramenta que possibilita a melhoria da eficiência nos negócios e oferece suporte ao processo de tomada de decisão. Nesse sentido, é imprescindível ao engenheiro conhecer os conceitos envolvidos nessa ferramenta.

Neste capítulo, você aprenderá o que é um banco de dados, sua importância e os conceitos envolvidos na modelagem e no projeto desse mecanismo. Ao final, você saberá identificar e construir modelos entidade-relacionamento e modelos relacionais.

[banco de dados]

A necessidade de armazenar e manipular dados ocorre em todos os setores. No contexto de uma indústria, temos de armazenar dados sobre colaboradores (recursos humanos), matérias-primas, equipamentos utilizados, processos produtivos, produtos e serviços oferecidos, clientes, fornecedores, finanças, entre outros aspectos. Mesmo em uma indústria de pequeno porte, diariamente é gerado um grande volume de dados, que frequentemente não precisam apenas ser armazenados, pois às vezes é necessário também utilizá-los para gerar um relatório ou até mesmo alterá-los. Além de nos preocuparmos com o armazenamento, temos de ter em mente que esses dados precisam ser manipulados, por processo de inclusão, alteração ou até mesmo exclusão.

A necessidade de armazenamento de dados de forma organizada e a possibilidade de posterior acesso eficiente justificam a importância de um banco de dados, que pode ser conceituado como uma coleção organizada de dados relacionados (Heuser, 2004). O termo *organizado* refere-se à facilidade com que esses dados podem ser encontrados. Imagine o que é mais fácil: você ter de procurar por uma ficha de produto em uma gaveta com os papéis entulhados ou em um arquivo com as fichas organizadas em pastas por ordem alfabética?

Você já parou para pensar quais setores precisam ter acesso à ficha de um produto em uma indústria? Esses dados precisam ser manipulados pelo pessoal da área de produção, que vai planejar e produzir esse produto; pelo pessoal da área de vendas, responsável pela comercialização; pelo pessoal da área de compras, que precisa saber os materiais e os componentes que devem ser adquiridos para que a produção ocorra; pelo pessoal da área de processos, que precisa definir o roteiro para a produção, entre outros. Isso significa que temos de ter em mente que a manipulação dos dados por diversos usuários pode gerar redundâncias e inconsistências.

Nesse sentido, o banco de dados se constitui em uma solução para evitar problemas de redundância, pois consiste em um conjunto de dados integrados que atendem a uma comunidade de usuários, isto é, os dados são armazenados uma única vez e podem ser acessados por vários usuários e/ou vários sistemas ao mesmo tempo (compartilhamento) (Heuser, 2004; Laudon; Laudon, 2008).

Date (2004) destaca que as principais vantagens associadas à utilização de um banco de dados são: reduzir a redundância, evitar inconsistências e possibilitar o compartilhamento dos dados.

Em relação à estrutura de um banco de dados, podemos ter um sistema de gerenciamento de arquivos, um modelo hierárquico, um modelo em rede, um modelo relacional ou um modelo orientado a objetos (Korth; Silberschatz; Sudarshan, 2006; Azuma; Takahashi, 2009). Nosso foco será o modelo relacional, que é o mais utilizado.

■ Sistema de gerenciamento de banco de dados

O sistema de gerenciamento de banco de dados (SGBD) é um *software* específico cuja finalidade geral é criar, armazenar e organizar as informações de um banco de dados e possibilitar que os usuários tenham acesso a elas. De forma simplificada, podemos definir o SGBD como *software* que gerencia todo o acesso ao banco de dados. As principais vantagens do SGBD são a eliminação dos arquivos de papéis, a rapidez de acesso, a integração e o compartilhamento dos dados, a segurança e o controle de transações (Korth; Silberschatz; Sudarshan, 2006; Laudon; Laudon, 2008).

O SGBD é capaz de gerenciar informações do banco de dados, o que inclui atividades como criar, armazenar, organizar e acessar essas informações, bem como interagir com o usuário. Azuma e Takahashi (2009) destacam que o SGBD impede a produção de dados conflitantes, recupera grande quantidade de dados rapidamente, possibilita o acesso simultâneo de vários usuários, garante a segurança dos dados e oferece uma interface amigável, isto é, fácil de ser utilizada pelos usuários.

Você conhece algum SGBD? Talvez não por essa nomenclatura, mas provavelmente você já ouviu falar ou leu algo sobre o assunto. No mercado há uma série de SGBDs disponíveis: Oracle, SQL Server, DB2, PostgreSQL, MySQL, Access ou Paradox, entre outros (Date, 2004; Korth; Silberschatz; Sudarshan, 2006).

[modelagem de banco de dados]

A modelagem consiste na descrição dos tipos de dados armazenados no banco de dados. É a descrição formal da estrutura do banco de dados, contendo o possível conteúdo dos dados, das estruturas e das regras a eles aplicáveis (Elmasri; Navathe, 2004; Heuser, 2004). O que isso quer dizer? Tomemos como exemplo um banco que armazena dados sobre defeitos ou não conformidades. O modelo de dados nos mostra quais dados sobre defeitos estão armazenados e não quais defeitos estão armazenados. Por exemplo, os dados sobre os defeitos podem ser código ou descrição.

O projeto de banco de dados deve representar a estrutura real do problema e, geralmente, ocorre em três níveis de abstração: modelo conceitual, modelo lógico e modelo físico, conforme destacado na Figura 4.1. (Korth; Silberschatz; Sudarshan, 2006; Alexandruk, 2011).

Figura 4.1 – Níveis de abstração do projeto de banco de dados

```
┌─────────────────┐     ┌─────────────────┐     ┌─────────────────┐
│ Modelo conceitual│ ──▶ │  Modelo lógico  │ ──▶ │  Modelo físico  │
└─────────────────┘     └─────────────────┘     └─────────────────┘
```

O **modelo conceitual** descreve a realidade da organização (ambiente do problema), destacando uma visão macro sobre os principais dados e seus relacionamentos de forma independente da implementação, isto é, independentemente do SGBD adotado. O modelo conceitual é uma descrição em alto nível que retrata a realidade das informações da organização. Heuser (2004) aponta que a técnica de modelagem conceitual mais utilizada é a abordagem entidade-relacionamento (ER), em que o modelo é representado graficamente por meio do diagrama entidade-relacionamento (DER). Fique tranquilo! Mais adiante veremos como essa abordagem funciona.

O **modelo lógico** é desenvolvido com base no modelo conceitual e tem por objetivo descrever as estruturas que constituirão o banco de dados, sem considerar as características específicas de um SGBD.

O **modelo físico** apresenta a dependência do SGBD adotado e descreve as formas de organização de arquivos e as estruturas internas de armazenamento, tais como tamanho de atributos, índices, tipos de atributos e nomenclaturas (Korth; Silberschatz; Sudarshan, 2006).

Modelo entidade-relacionamento

A abordagem entidade-relacionamento, conforme Heuser (2004, p. 11), "é a técnica de modelagem de dados mais difundida e utilizada". Nela, o modelo de dados é representado por meio do modelo entidade-relacionamento (modelo ER).

O modelo ER permite, segundo Arantes e Ferreira (2005, p. 1), "descrever um subconjunto do mundo real que será retratado no banco de dados com um alto nível de abstração". No entanto, é um modelo formal, isto é, quando se lê um modelo ER, todos devem ter o mesmo entendimento (Magalhães; Neto, 2010; Alexandruk, 2011).

No modelo ER, a estrutura do banco de dados é descrita como coleção de entidades e relacionamentos, representada graficamente pelo diagrama de entidade-relacionamento (DER) (Heusen, 2004). Korth, Silberschatz e Sudarshan (2006) mencionam que o modelo ER é um dos modelos com maior capacidade semântica.

O DER é usado para demonstrar as relações entre as entidades de um banco de dados relacional. Um banco de dados relacional organiza os dados em tabelas bidimensionais com colunas e linhas; cada tabela contém dados referentes a uma entidade e seus atributos.

Para entender o modelo ER, precisamos conhecer os conceitos centrais relacionados a essa abordagem: entidade, relacionamento, atributo, atributo identificador, generalização/especialização e entidade associativa. As seções seguintes descrevem cada um desses conceitos.

Entidade

Entidade é o conceito central da abordagem ER. Segundo Heuser (2004, p. 12), representa "um conjunto de objetos da realidade modelada sobre os quais se deseja manter informações no banco de dados". Uma definição menos formal é dada por Laudon e Laudon (2008, p. 140), para os quais uma entidade é um elemento que "representa uma pessoa, um lugar ou uma coisa sobre a qual precisamos armazenar e manter informações".

Nesse caso, se pensarmos em um banco de dados para uma indústria, alguns exemplos de entidade podem ser clientes, fornecedores, produtos, defeitos, equipamentos, pessoas, processos, setores e matérias-primas. A entidade não representa apenas objetos concretos, mas também objetos abstratos, como é o caso dos setores.

A representação gráfica de uma entidade no DER é realizada utilizando-se um retângulo contendo o nome da entidade. A Figura 4.2 apresenta duas entidades, denominadas *Funcionário* e *Setor*. A entidade *Funcionário* refere-se ao conjunto de todos os funcionários sobre os quais desejamos armazenar informações no banco de dados, e a entidade *Setor* é relacionada ao conjunto de todos os setores da empresa sobre os quais armazenaremos informações.

Figura 4.2 – Exemplo de entidade

| Funcionário | Setor |

Heuser (2004) destaca que, para nos referirmos a um objeto particular, ou seja, a um setor ou a um funcionário, devemos utilizar o termo *ocorrência* ou *instância da entidade*.

Relacionamento

O relacionamento é definido como "conjunto de associações entre as entidades" (Heuser, 2004, p. 13). O número de entidades que participam dele determina o grau do relacionamento. Por exemplo, um relacionamento binário apresenta grau 2, enquanto um relacionamento ternário tem grau 3 (Korth; Silberschatz; Sudarshan, 2006).

A cardinalidade determina "quantas ocorrências de uma entidade podem estar associadas a uma determinada ocorrência por meio dos relacionamentos" (Heuser, 2004, p. 15), isto é, expressa o número de entidades às quais outras entidades podem estar associadas por meio dos relacionamentos (Korth; Silberschatz; Sudarshan, 2006).

No DER, o relacionamento é representado por um losango ligado por linhas às entidades (representadas pelos retângulos) que participam do relacionamento.

Um relacionamento binário envolve duas ocorrências de entidade e pode ser classificado em:

- **1:1 (um para um)** – Cada ocorrência da entidade relaciona-se a apenas uma ocorrência da outra entidade.
- **1:N (um para muitos)** – Uma ocorrência da entidade 1 relaciona-se com muitas ocorrências da entidade 2. No entanto, o caminho inverso não é recíproco, pois cada ocorrência da entidade 2 pode estar relacionada a apenas uma ocorrência da entidade 1. A Figura 4.3 apresenta um exemplo de relacionamento 1:N envolvendo as entidades *Setor* e *Funcionário*. Neste ponto, você deve estar se perguntando como

fazemos a leitura desse diagrama e o que ele quer dizer. Esse relacionamento de 1:N nos indica que um setor tem vários funcionários e que um funcionário pode estar relacionado a apenas um setor. Isto é, uma ocorrência da entidade *Setor* pode estar relacionada com várias ocorrências da entidade *Funcionário*, e uma ocorrência da entidade *Funcionário* pode estar relacionada a apenas uma ocorrência da entidade *Setor*.

Figura 4.3 – Exemplo de relacionamento 1:N

| Funcionário | n — Possui — 1 | Setor |

- **N:N (muitos para muitos)** – Uma ocorrência da entidade 1 se relaciona com muitas ocorrências da entidade 2, e o inverso também é válido. Na Figura 4.4, temos um exemplo de relacionamento N:N entre as entidades *Produto* e *Matéria-prima*. Esse relacionamento, denominado *composto*, indica que um produto pode ser composto por várias matérias-primas e que uma matéria-prima pode estar envolvida na produção de mais de um produto. Isto é, uma ocorrência da entidade *Matéria-prima* pode estar relacionada com várias ocorrências da entidade *Produto*, e uma ocorrência da entidade *Produto* pode estar relacionada com várias ocorrências da entidade *Matéria-prima*.

Figura 4.4 – Exemplo de relacionamento N:N

| Produto | n — Composto — n | Matéria-prima |

> **Atenção!**
> Quando o nome do relacionamento não constar no losango, admite-se como nome para o relacionamento a concatenação de nomes das entidades que participam do relacionamento (Heuser, 2004, p. 20).

Nos relacionamentos, podemos expressar as cardinalidades mínima e máxima. A cardinalidade mínima indica o número mínimo de ocorrências, enquanto a cardinalidade máxima expressa o limite superior de ocorrências. A Figura 4.5 representa um relacionamento no qual são apresentadas as cardinalidades mínima e máxima.

Figura 4.5 – Exemplo de cardinalidades mínima e máxima

```
┌─────────────┐   (0,n)    ╱╲    (1,1)   ┌─────────┐
│ Funcionário │───────────< Possui >─────│  Setor  │
└─────────────┘            ╲╱            └─────────┘
```

Atributo

Atributo é uma propriedade descritiva de uma entidade que permite associar informações à ocorrência de entidades ou relacionamentos (Heuser, 2004; Korth; Silberschatz; Sudarshan, 2006).

A representação gráfica de um atributo é realizada utilizando-se um círculo. Para cada atributo, existe um círculo ligado à entidade, conforme as figuras 4.6 e 4.7.

Figura 4.6 – Exemplo de atributo

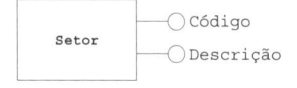

```
┌─────────┐      ─○ Código
│  Setor  │─────┤
└─────────┘      ─○ Descrição
```

Na Figura 4.6, temos a entidade *Setor*, a qual é descrita pelos atributos *Código* e *Descrição*, ao passo que na Figura 4.7 temos a entidade *Funcionário*, sendo descrita pelos atributos *Matrícula*, *Nome* e *Data de nascimento*.

Figura 4.7 – Exemplo de atributo

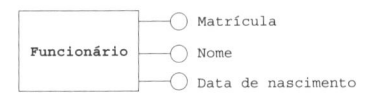

```
┌─────────────┐──○ Matrícula
│ Funcionário │──○ Nome
└─────────────┘──○ Data de nascimento
```

> **Atenção!**
> Na prática, omitimos a representação dos atributos para não "poluir" o diagrama.

Você consegue apontar que outras informações sobre o funcionário precisamos armazenar? Alguns exemplos: endereço, número do RG, órgão emissor do RG, data de emissão do RG, local de nascimento, número do CPF, número do PIS/Pasep, data de admissão. Imagine como ficariam difíceis a visualização e o entendimento de um diagrama se colocássemos todos os atributos necessários para a entidade *Funcionário*.

Os atributos podem ser caracterizados como:

- **Simples** – O conteúdo não é dividido em partes. Os exemplos vistos até agora são atributos simples.
- **Composto** – O conteúdo é constituído por vários itens menores, isto é, ele é dividido em partes. Um exemplo clássico de atributo composto é o endereço formado por: nome da rua, número, complemento, bairro, cidade, estado e outros. Outro exemplo de atributo composto é o nome, o qual pode ser estruturado em prenome, nome intermediário e sobrenome (Figura 4.8). Korth, Silberschatz e Sudarshan (2006) destacam que o uso de atributo composto é recomendado quando, em certas ocasiões, se deseja fazer referência ao atributo completo e, em outras, se deseja utilizar apenas uma parte do atributo.

Figura 4.8 – Exemplo de atributo composto

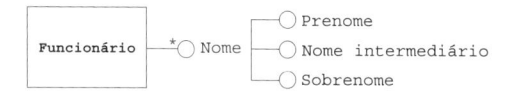

```
                          ┌─○ Prenome
Funcionário ──*○ Nome ────○ Nome intermediário
                          └─○ Sobrenome
```

- **Opcional** – É o atributo que não se aplica a todas as ocorrências de uma entidade. Um exemplo clássico de atributo opcional é o registro profissional em entidades de classe, tais como Crea, OAB, CRQ, CRF e CRO (Alexandruk, 2011).
- **Monovalorado** – O conteúdo é formado por um único valor, ou seja, são valores simples para uma entidade.
- **Multivalorado** – O conteúdo é formado por mais de um valor. Para esses atributos, é possível estabelecer limites inferiores e superiores para o número de ocorrências. Um exemplo de atributo multivalorado é o telefone, pois podemos estabelecer um ou mais números de telefone para um mesmo funcionário. A Figura 4.9 ilustra a representação do atributo *Telefone*, definido como multivalorado.

Figura 4.9 – Exemplo de atributo multivalorado

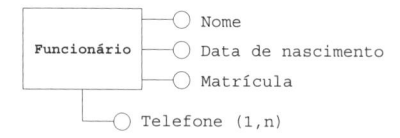

```
                ┌─○ Nome
Funcionário ────○ Data de nascimento
                └─○ Matrícula
          └─○ Telefone (1,n)
```

Atributo identificador

Toda entidade deve ter um identificador único, denominado *atributo identificador*. O identificador pode ser, segundo Heuser (2004, p. 26), "um conjunto de um ou mais atributos que permite distinguir uma ocorrência das demais". Utilizamos o termo *identificador* para denominar o atributo (simples ou composto) que permite identificar de forma unívoca uma ocorrência (Heuser, 2004; Korth; Silberschatz; Sudarshan, 2006).

Vamos retomar a entidade *Setor*. Ela apresenta dois atributos: *Código* e *Descrição*. Entre esses atributos, qual nos permite identificar um setor de forma única? O atributo *Código*, pois podemos ter o mesmo nome para setores distintos. Você deve estar se perguntando como isso pode ocorrer. Vamos pensar na entidade *Funcionário*: você acha que o nome nos permite identificar uma pessoa de forma unívoca? Só há um João da Silva? A resposta é "não". Isto é, os atributos de nome e descrição não nos possibilitam fazer a identificação unívoca de uma ocorrência.

A Figura 4.10 apresenta a entidade *Setor* e seus atributos. O atributo identificador é representado por um círculo pintado.

Figura 4.10 – Exemplo de atributo identificador

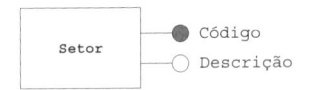

```
          ●─ Código
Setor   ○─ Descrição
```

O atributo identificador de uma entidade pode ser formado por diversos atributos, isto é, ele pode ser composto.

> **Atenção!**
> Cada entidade deve apresentar apenas um atributo identificador.

Generalização/especialização

O conceito de generalização/especialização permite "atribuir propriedades particulares a um subconjunto das ocorrências de uma entidade genérica" (Heuser, 2004, p. 28). Com base no conceito de generalização/especialização, obtemos a herança de propriedades. Isso significa que "cada ocorrência de uma entidade especializada possui, além das suas propriedades, também as propriedades da entidade genérica" (Heuser, 2004, p. 28).

A especialização pode ser total ou parcial. Na especialização total, segundo Alexandruk (2011, p. 17), "para cada ocorrência da entidade genérica há uma ocorrência em uma entidade especializada". No caso da especialização parcial, Alexandruk (2011, p. 17) destaca que "nem toda ocorrência da entidade genérica possui uma ocorrência correspondente em uma entidade especializada".

Entidade associativa

A entidade associativa é "uma redefinição de um relacionamento, o qual passa a ser tratado como uma entidade" (Heuser, 2004, p. 32). Isso ocorre porque na modelagem ER não é possível estabelecer uma associação entre dois relacionamentos.

Diagrama entidade-relacionamento

O DER representa graficamente a estrutura lógica de um banco de dados por meio dos símbolos apresentados no Quadro 4.1, os quais foram descritos nas seções anteriores.

Quadro 4.1 - Simbologia do DER

Conceito	Símbolo
Entidade	▭
Relacionamento	◇
Atributo	─○
Atributo identificador	─●
Atributo composto	─*○ ┌○ └○
Atributo multivalorado	─○ (1,n)

(*continua*)

(*Quadro 4.1 – conclusão*)

Conceito	Símbolo
Entidade associativa	◇
Generalização/Especialização	△

Fonte: Heuser, 2004, p. 34.

> **Atenção!**
> A simbologia adotada para representar os elementos do DER pode variar de uma obra e/ou ferramenta para outra.

Para a construção do DER, além de conhecer conceitos e simbologias associados, é necessário entender os requisitos do sistema, para que a modelagem consiga representá-los de forma adequada (Magalhães; Neto, 2010). Heuser (2004) destaca que a coleta de requisitos para o processo de modelagem pode ocorrer de acordo com a descrição de dados já existentes (por exemplo, relatórios, documentos fiscais e controles manuais) ou com base no conhecimento das pessoas.

Outro aspecto importante em relação ao desenvolvimento do DER é o uso de ferramentas computacionais de apoio. O processo de modelagem não deve ser realizado à mão: recomenda-se o uso das ferramentas CASE (*computer-aided software engineering*), que apoiam o desenvolvimento do banco de dados desde a modelagem até o projeto (Heuser, 2004).

Há uma grande variedade de ferramentas CASE disponíveis no mercado. Algumas têm funcionalidades específicas para a modelagem de banco de dados, como é o caso da ferramenta brModelo (Figura 4.11), adotada na elaboração dos diagramas apresentados neste livro (brModelo, 2007).

Figura 4.11 – Interface da ferramenta brModelo

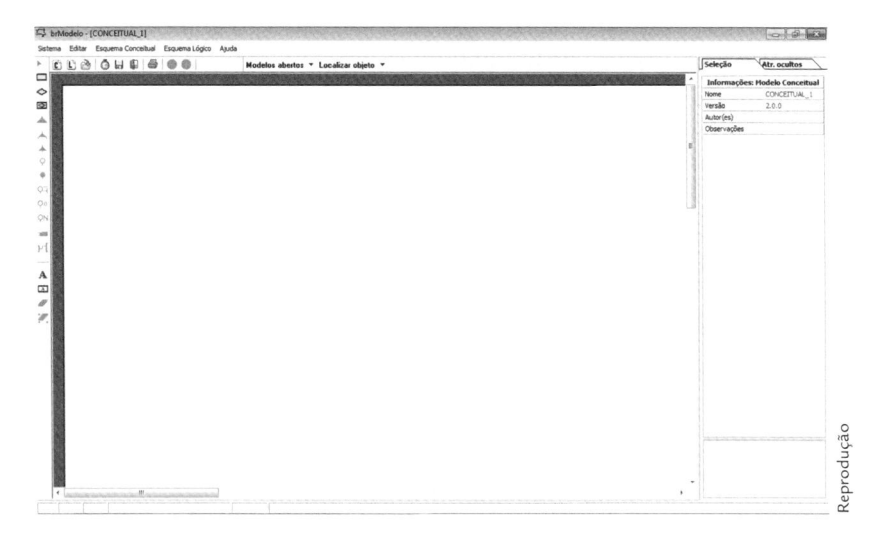

Vimos até este ponto a modelagem ER e alguns exemplos para ilustrar os conceitos de forma isolada. Para melhor entendimento da construção do DER, veremos uma aplicação que integra os conceitos estudados até aqui.

■ Sistema de controle de projetos

Uma empresa elabora projetos de engenharia em diversas áreas: civil, mecânica, elétrica, química, aeronáutica, entre outras. O objetivo do sistema é manter o registro dos projetos e de seus responsáveis.

Cada projeto tem código exclusivo, título, descrição, data de início e fim, categoria (hidráulico, estrutural, arquitetônico, elétrico, entre outros) e cliente (código, nome, endereço, fone e contato). Cada projeto pode envolver um ou mais profissionais, responsáveis pela execução e pelo acompanhamento do projeto. O registro dos profissionais deve armazenar as informações pessoais de nome, data de nascimento, RG, CPF, endereço, telefone e formação. É importante ressaltar que a empresa, frequentemente, deseja emitir relatórios que permitam imprimir a listagem de profissionais com determinada formação, por exemplo, Engenharia Elétrica. Nesses casos, é necessário registrar o código e a descrição da formação.

O primeiro passo na elaboração do DER consiste na identificação das entidades envolvidas, isto é, devemos estabelecer sobre quais conjuntos de objetos desejamos manter informações. Se retomarmos o contexto do sistema de controle de projetos, é possível observar que precisamos armazenar informações sobre projeto, categoria, cliente, profissional e formação. Esses conjuntos de objetos constituem, na abordagem ER, as entidades.

Cada uma dessas entidades é descrita por um conjunto de atributos que acabamos de destacar. Após a identificação das entidades, temos de estabelecer o relacionamento entre elas. Sabemos que:

_ uma categoria pode ter vários projetos e um projeto é enquadrado somente em uma categoria;
_ cada projeto é desenvolvido para apenas um cliente, mas um cliente pode ter vários projetos;
_ um projeto pode ter vários responsáveis e um profissional pode ser responsável por vários projetos;
_ um profissional pode ter apenas uma formação.

Com base nessas informações, podemos identificar que a entidade *Categoria* tem um relacionamento com a entidade *Projeto*, em que todo projeto tem uma categoria, isto é, um relacionamento de 1:N. A entidade *Cliente* relaciona-se com a entidade *Projeto*, sendo que um cliente pode ter vários projetos, num relacionamento 1:N. A entidade *Profissional* tem um relacionamento com a entidade *Projeto*, em que um projeto pode ter vários profissionais e um profissional pode ser responsável por vários projetos, o que caracteriza um relacionamento de N:N. Por fim, temos o relacionamento entre as entidades *Profissional* e *Formação*, em que um profissional pode ter uma formação e uma formação pode estar relacionada com vários profissionais, determinando um relacionamento de 1:N.

Como já identificamos as entidades, os relacionamentos entre elas e a cardinalidade, basta representarmos esses elementos utilizando a simbologia do DER. A Figura 4.12 apresenta o DER para o sistema de controle de projetos. Note que os atributos foram omitidos nesse diagrama.

Figura 4.12 – DER para o sistema de controle de projetos

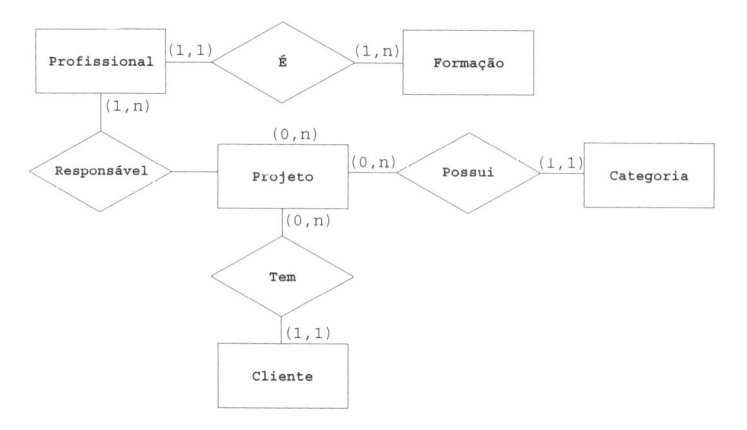

```
          (1,1)         (1,n)
[Profissional]---<É>---[Formação]
     |
   (1,n)
     |      (0,n)
     |        |          (0,n)          (1,1)
<Responsável>-[Projeto]-<Possui>-[Categoria]
              |
            (0,n)
              |
            <Tem>
              |
            (1,1)
              |
          [Cliente]
```

A Figura 4.13 representa o DER para o sistema de controle de projetos com a identificação dos atributos de cada entidade. Nesse diagrama, utilizamos atributos compostos (endereço) e multivalorados (fone).

Figura 4.13 – DER para o sistema de controle de projetos

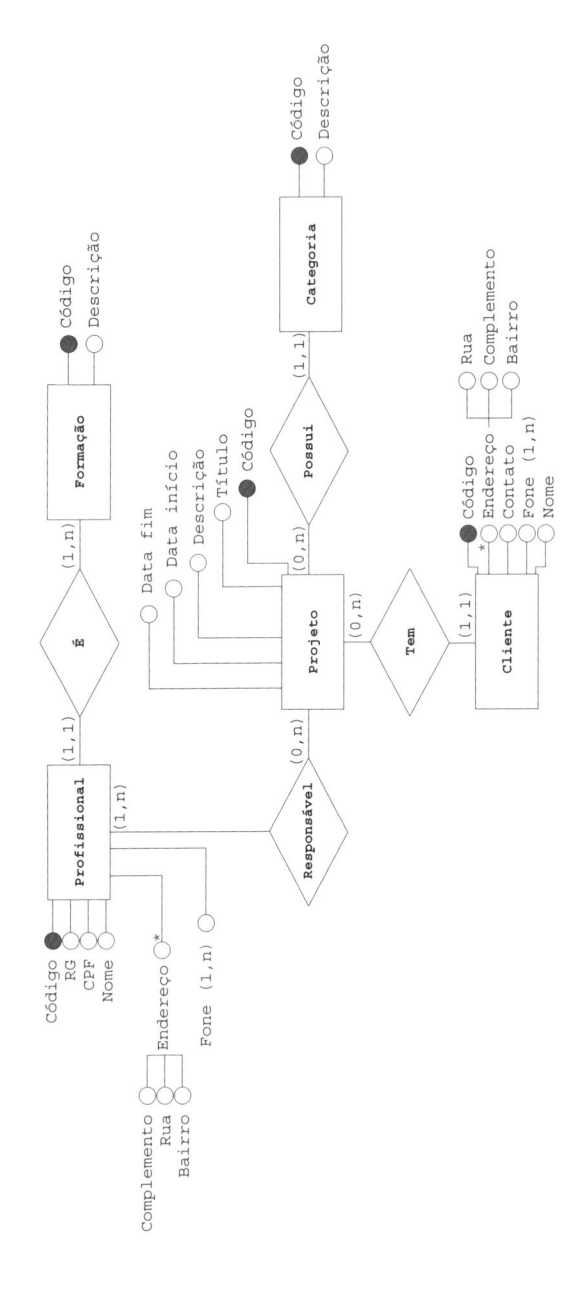

Ao analisarmos os diagramas das Figuras 4.12 e 4.13, fica perceptível que a inserção dos atributos torna o diagrama poluído e dificulta o entendimento. Por isso, na prática, suprimimos a representação dos atributos. Imagine em um caso mais complexo como ficaria o DER!

■ Modelo relacional

Grande parte do SGBD utiliza o modelo relacional, cujos dados são organizados em tabelas bidimensionais com colunas e linhas. Cada tabela, na maioria dos casos, corresponde a uma entidade; as colunas representam os atributos, também chamados *campos*; as linhas, as ocorrências da entidade, são denominadas *registros* ou *tuplas* (Laudon; Laudon, 2008).

A Figura 4.14 esquematiza a tabela que corresponde à entidade *Setor*, em que temos duas colunas (uma para cada atributo, no caso, *Codigo* e *Descricao*) e seis registros ou tuplas representados pelas linhas. Não utilizamos caracteres especiais ao nomear as colunas. Isso se deve ao fato de que os SGBDs não aceitam caracteres especiais, espaços, acentuação e ç para nomear tabelas e colunas.

Figura 4.14 – Exemplo de tabela

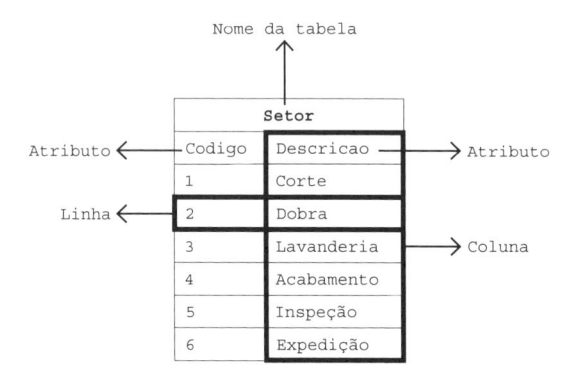

Setor	
Codigo	Descricao
1	Corte
2	Dobra
3	Lavanderia
4	Acabamento
5	Inspeção
6	Expedição

Em um banco relacional, cada tabela deve ter um campo, denominado chave primária, que permita a identificação exclusiva de um registro, ou seja, que não pode ser repetido. A chave primária de uma tabela pode ser simples ou composta. A chave primária simples é formada por apenas um atributo, enquanto a composta é constituída por mais de um atributo (Korth; Silberschatz; Sudarshan, 2006; Laudon; Laudon, 2008). Para a tabela apresentada na Figura 4.14, a chave primária é o campo *Codigo*.

Além do conceito de chave primária, temos o de *chave estrangeira*, que é o campo utilizado para estabelecer uma relação de dependência entre as tabelas, isto é, por meio da chave estrangeira, estabelecemos o relacionamento entre as tabelas.

Vamos retomar nosso exemplo de relacionamento apresentado na Figura 4.5, em que temos as entidades *Setor* e *Funcionário*, com um relacionamento de 1:N. Esse relacionamento nos indica que um setor pode ter muitos funcionários e que um funcionário só poder estar relacionado com um setor.

A Figura 4.15 representa o esquema das tabelas *Setor* e *Funcionario*. A tabela *Funcionario* é formada pelos campos *Matricula*, *Nome* e *Codigo*. O campo *Codigo* é a chave estrangeira e corresponde à chave primária da tabela *Setor*. Estabelecemos o relacionamento entre duas tabelas por meio da chave estrangeira. Qual é a interpretação que devemos fazer disso? Vamos analisar o primeiro registro da tabela *Funcionario* (Matricula 0001, Nome Maria Silva e Codigo 1). A chave estrangeira (Codigo) nos indica que a funcionária está lotada no setor com o campo *Codigo* igual a 1 da tabela *Setor*. Se olharmos a tabela *Setor*, veremos que o registro em que o *Codigo* é igual a 1 tem o valor *Corte* para o campo *Descricao*.

A chave estrangeira possibilita vincular os dados das duas tabelas. A chave estrangeira, nos casos de relacionamento 1:N, sempre será a chave primária da tabela que apresenta cardinalidade 1.

Figura 4.15 – Exemplo de chave estrangeira

Setor		Setor			Chave estrangeira
Codigo	Descricao	Matricula	Nome	Codigo	
1	Corte	0001	Maria Silva	1	
2	Dobra	0002	José Souza	1	
3	Lavanderia	0003	João Santos	2	
4	Acabamento	0004	Carlos Neto	3	
5	Inspeção	0005	Silvia Lemos	4	
6	Expedição	0006	Nadia Leal	5	

Na Figura 4.16, os registros 5 e 6, marcados com X, apresentam o campo *Codigo* com valor 7. Esse tipo de situação não é permitido, pois na tabela *Setor* não há nenhum registro com o campo *Codigo* igual a 7. Lembre-se: a chave estrangeira é usada para vincular as tabelas. Dessa forma, o registro tem de existir na outra tabela.

Figura 4.16 – Chave estrangeira

Setor		Setor		
Codigo	Descricao	Matricula	Nome	Codigo
1	Corte	0001	Maria Silva	1
2	Dobra	0002	José Souza	1
3	Lavanderia	0003	João Santos	2
4	Acabamento	0004	Carlos Neto	3
5	Inspeção	0005	Silvia Lemos	7
6	Expedição	0006	Nadia Leal	7

Em um modelo relacional, os relacionamentos podem ser do tipo:

- **1:1** – Cada registro da tabela pode se relacionar com apenas um registro da outra tabela.
- **1:N** – Cada registro da tabela-pai pode se relacionar com vários registros da tabela-filho. No entanto, o inverso não é válido.

- **N:N** – Cada registro da tabela T1 pode se relacionar com vários registros da outra tabela T2, e o inverso também é válido. No modelo relacional, esse tipo de relacionamento não pode ser estabelecido de forma direta, pois temos de criar uma tabela associativa que tem como chave primária uma chave composta formada pelas chaves estrangeiras.

Para facilitar o entendimento do relacionamento N:N, vamos tomar como exemplo o relacionamento entre *Produto* e *Componente*, em que um produto pode ser formado por um ou mais componentes e um componente pode ser utilizado em vários produtos. Nesse caso, vamos considerar apenas os campos *Codigo* e *Descricao* para cada uma das tabelas. A Figura 4.17 representa um esquema do relacionamento entre as tabelas. Veja que criamos uma terceira tabela associativa denominada *Item*, que tem uma chave primária composta pelos campos chave primária das demais tabelas. Com isso, conseguimos estabelecer o relacionamento N:N, em que representamos que os produtos *Celular A* e *Celular B* são formados pelos componentes *Carcaça*, *Bateria*, *Visor* e *Teclado*.

Figura 4.17 – Exemplo de relacionamento N:N

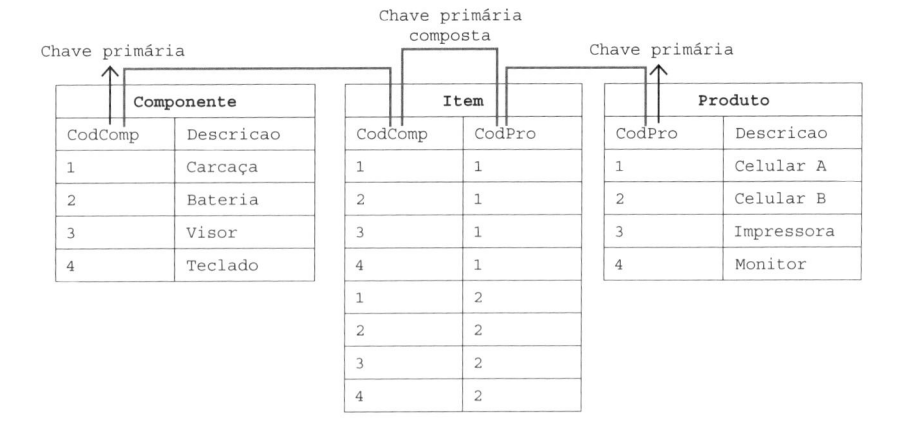

Componente		Item		Produto	
CodComp	Descricao	CodComp	CodPro	CodPro	Descricao
1	Carcaça	1	1	1	Celular A
2	Bateria	2	1	2	Celular B
3	Visor	3	1	3	Impressora
4	Teclado	4	1	4	Monitor
		1	2		
		2	2		
		3	2		
		4	2		

> **Atenção!**
> Todo relacionamento do tipo N:N deve ser dividido em dois relacionamentos de 1:N com uma tabela associativa.

O modelo relacional, apresentado anteriormente, pode ser representado de forma resumida:

>Produto (<u>CodPro</u>, Descricao)
>Componente (<u>CodComp</u>, Descricao)
>Item (<u>CodComp</u>, <u>CodPro</u>)

> **Atenção!**
> O campo chave primária é identificado por meio do sublinhado.

Segundo Laudon e Laudon (2008), em um banco de dados relacional, as tabelas podem ser combinadas para apresentar dados aos usuários. Essa combinação só é possível se houver vínculos entre as tabelas. Em geral, podemos utilizar três operações:

- **Select** – Gera um subconjunto formado pelos registros que atendem a um conjunto de critérios estabelecidos.
- **Join** – Permite combinar as tabelas para oferecer um conjunto de informações.
- **Project** – Gera um subconjunto composto por colunas de uma tabela que permite ao usuário criar tabelas apenas com as informações requisitadas.

Normalização

Em um banco de dados relacional, temos de normalizar os dados para conseguir gerenciá-los de forma adequada. A normalização visa a minimizar a redundância dos dados e as relações N:N inadequadas. Em um banco de dados normalizados, temos pouca duplicação dos dados (Azuma; Takahashi, 2009).

Mas o que vem a ser a normalização? É o processo de aplicar uma série de regras sobre as tabelas com o objetivo de verificar se foram projetadas adequadamente, isto é, de forma a garantir a integridade dos dados e reduzir a redundância (Date, 2004; Laudon; Laudon, 2008).

A integridade dos dados refere-se ao fato de que eles devem ser consistentes entre si. A integridade referencial tem por objetivo garantir os relacionamentos estabelecidos entre as tabelas, ou seja, as relações de dependência.

Vamos tomar como exemplo o relacionamento entre as tabelas *Setor* e *Funcionario*, apresentadas na Figura 4.16. Alguns exemplos de integridade referencial:

- Não podemos excluir os registros dos setores *Corte*, *Dobra* e *Lavanderia*, pois temos funcionários vinculados a esses setores. Isto é, um registro-pai só pode ser excluído se não houver nenhum registro-filho. Nesse caso, só seria permitido excluir os registros dos setores *Acabamento*, *Inspeção* e *Expedição*.
- Não podemos inserir um registro de funcionário em um setor que não existe na tabela *Setor*, como é o caso dos dois últimos registros. Isto é, um registro-filho só pode ser inserido se houver um registro-pai.

Para normalizar uma tabela, existem seis regras. No entanto, na maioria dos casos, ao usarmos apenas as três primeiras regras, denominadas *1ª*, *2ª* e *3ª forma normal* (FN), conseguimos garantir essa integridade. Assim, neste capítulo, veremos apenas essas três formas normais (Azuma; Takahashi, 2009; Alexandruk, 2011):

- *1FN* – Uma tabela está na primeira forma normal quando não apresenta tabelas aninhadas. Ou seja, a tabela não apresenta a repetição de nenhum item.
- *2FN* – Uma tabela está na segunda forma normal quando, além de estar na primeira, não tem dependências parciais, isto é, nenhuma coluna depende apenas de uma parte da chave primária composta. Ou seja, a tabela é dividida para que valores em outras colunas sejam funcionalmente dependentes da chave primária.
- *3FN* – Uma tabela está na terceira forma normal quando, além de estar na 2ª FN, não apresenta dependências transitivas, isto é, quando uma coluna apresenta dependência da chave primária e também de outra coluna da tabela. Ou seja, a tabela é dividida para que valores transitivamente dependentes sejam removidos.

[síntese]

O banco de dados envolve três níveis de abstração: conceitual, lógico e físico. No modelo conceitual, temos a abordagem entidade-relacionamento, que envolve os conceitos de entidade, relacionamento, atributo, generalização/especialização e entidade associativa. No modelo lógico, temos o modelo relacional e no modelo físico, o banco propriamente dito, o qual é gerenciado por um *software* denominado *sistema de gerenciamento de banco de dados* (SGBD).

Figura 4.18 – Síntese do capítulo "Introdução ao banco de dados"

```
                                                        ┌─────┐
                                                        │ 1:1 │
                                                        └─────┘
                                                        ┌─────┐
                                                        │ 1:N │
                                                        └─────┘
                                                        ┌─────┐
                                                        │ N:N │
                                                        └─────┘

                                                        ┌──────────┐
                                                        │ Simples  │
                                                        └──────────┘
                                                        ┌──────────┐
                                                        │ Composto │
                                                        └──────────┘
                                                        ┌──────────────┐
                                                        │ Monovalorado │
                                                        └──────────────┘
                                                        ┌──────────────┐
                                                        │ Multivalorado│
                                                        └──────────────┘
                                                        ┌──────────┐
                                                        │ Opcional │
                                                        └──────────┘

                         ┌──────────┐
                         │ Entidade │
                         └──────────┘
                         ┌───────────────┐    ┌──────────┐   ┌──────────────┐   ┌─────────────────┐   ┌──────────┐
                         │Relacionamento │    │ Atributo │   │  Atributo    │   │ Generalização/  │   │ Entidade │
                         └───────────────┘    └──────────┘   │ identificador│   │ especialização  │   │associativa│
                                                             └──────────────┘   └─────────────────┘   └──────────┘

              ┌──────────────┐
              │  Abordagem   │
              │  entidade-   │
              │relacionamento│
              └──────────────┘

                                              ┌────────────┐
                                              │  Modelo    │
                                              │ relacional │
                                              └────────────┘

                                                              ┌──────────────┐
                                                              │  Forma de    │
                                                              │ organização e│
                                                              │estrutura inter│
                                                              └──────────────┘
                                                              ┌──────────────┐
                                                              │ Dependência  │
                                                              │   do SGBD    │
                                                              └──────────────┘

              ┌────────────┐      ┌────────┐      ┌────────┐
              │ Conceitual │      │ Lógico │      │ Físico │
              └────────────┘      └────────┘      └────────┘

                    ┌───────────┐
                    │ Níveis de │
                    │ abstração │
                    └───────────┘
                                      ┌──────────────┐
                                      │  Sistema de  │
                                      │gerenciamento │
                                      │  de banco de │
                                      │ dados (SGBD) │
                                      └──────────────┘

                    ┌────────────┐
                    │ Introdução │
                    │  ao banco  │
                    │  de dados  │
                    └────────────┘
```

linguagem, programação e banco de dados:

[exercícios resolvidos]

1. Identifique e categorize os atributos para uma entidade *Aluno*.

Atributo	Tipo
Registro acadêmico	Atributo identificador
Nome, RG, CPF, Data de nascimento, Data de admissão, Local de nascimento	Atributo monovalorado
Endereço	Atributo composto
Telefone	Atributo multivalorado

2. Cite um exemplo de atributo opcional.

   Supondo uma entidade *Paciente*, podemos considerar o atributo *Título de eleitor* como opcional, pois os pacientes menores de idade não possuem título de eleitor.

3. Identifique as entidades e os atributos envolvidos em uma nota fiscal.

   Em uma nota fiscal, identificamos três entidades: *Cliente*, *Produto* e *Nota*. São atributos para a entidade *Cliente*: *Código*, *Nome*, *RG*, *CPF*, *Endereço* e *Telefone*. São atributos para a entidade *Produto*: *Código*, *Descrição* e *Valor*. São atributos para a entidade *Nota*: *Código*, *Data* e *Valor total*.

4. A coordenação do curso de Engenharia de Produção quer elaborar um sistema para controlar as atividades extracurriculares que os alunos desenvolvem. Sabe-se que as atividades extracurriculares podem ser categorizadas em: minicurso, palestras, eventos, cursos de idiomas, entre outros. Além disso, é necessário registrar título da atividade, ministrante e carga horária. Esboce um possível DER para esse cenário.
   A seguir, há um possível DER, em que temos as entidades *Aluno*, *Atividade* e *Categoria*. Entre *Aluno* e *Atividade* há um relacionamento N:N e entre *Categoria* e *Atividade*, um relacionamento 1:N.

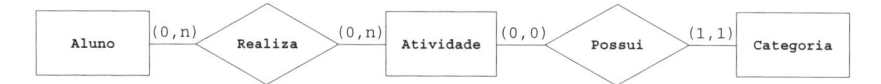

   Aluno (0,n) — Realiza — (0,n) Atividade (0,0) — Possui — (1,1) Categoria

5. Descreva o DER apresentado a seguir.

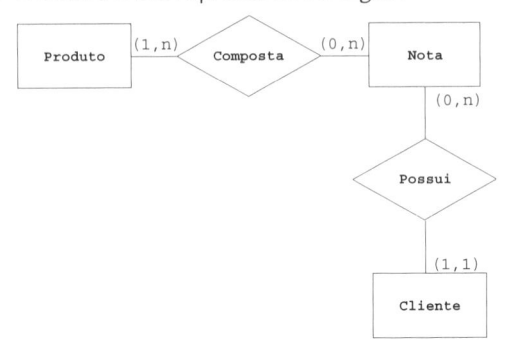

```
Produto (1,n) — Composta — (0,n) Nota
                                    |
                                  (0,n)
                                    |
                                  Possui
                                    |
                                  (1,1)
                                    |
                                  Cliente
```

O DER apresenta três entidades: *Cliente*, *Nota* e *Produto*. A entidade *Cliente* tem um relacionamento com a entidade *Nota*, em que uma ocorrência de cliente pode ter várias notas. A entidade *Nota* relaciona-se com a entidade *Produto* por meio de relacionamento N:N, em que uma nota pode ter várias ocorrências de produto e um produto pode estar relacionado com várias notas. A cardinalidade mínima nos indica que toda nota deve conter pelo menos um produto.

6. Apresente o modelo relacional para o DER apresentado no exercício 4.

   As tabelas a seguir apresentam o modelo relacional para o DER. O relacionamento N:N gerou uma nova tabela, a tabela associativa *Item*. Os campos chave primária estão identificados em negrito.

Cliente									
CodCli	Nome	RG	CPF	DataNasc	Rua	Bairro	Comp	Cep	Fone

Produto		
CodPro	Descricao	Preco

Item			
CodPro	**CodNota**	Qtdade	Valor

Nota		
CodNota	Data	CodCli

   Forma resumida para esse modelo relacional:

   Cliente (<u>CodCli</u>, Nome, RG, CPF, DataNasc, Rua, Bairro, Comp, CEP, Fone)

   Produto (<u>CodPro</u>, Descricao, Valor)

   Nota (<u>CodNota</u>, Data, CodCli)

   Item (<u>CodPro</u>, <u>CodNota</u>, Qtade, Valor)

[questões para revisão]

1. Defina o que é um banco de dados e um sistema de gerenciamento de banco de dados (SGBD).

2. Quais são as vantagens relacionadas à utilização de um banco de dados?

3. O que é a modelagem de banco de dados e quais são os níveis de abstração envolvidos no projeto de banco de dados?

4. Identifique os elementos do modelo entidade-relacionamento.

5. Identifique as categorias de atributos e dê um exemplo de cada tipo.

6. Explique os tipos de relacionamentos que podem ocorrer entre as entidades.

7. Descreva os relacionamentos a seguir.

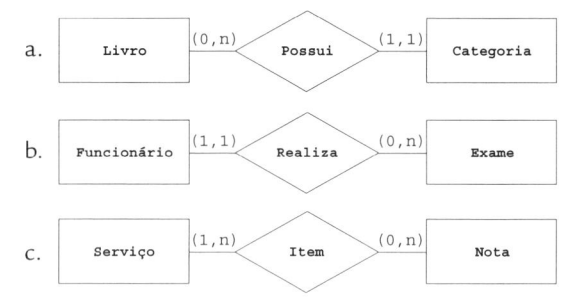

   a. Livro (0,n) — Possui — (1,1) Categoria

   b. Funcionário (1,1) — Realiza — (0,n) Exame

   c. Serviço (1,n) — Item — (0,n) Nota

8. Marque V para as afirmações verdadeiras e F para as falsas.

( ) Em um banco de dados relacional, as entidades são organizadas em tabelas bidimensionais, em que as linhas representam os atributos e as colunas as ocorrências.

( ) Os relacionamentos do tipo 1:N geram uma tabela associativa.

( ) As tabelas associativas são geradas da divisão de um relacionamento do tipo N:N.

( ) Estabelecemos o relacionamento entre duas tabelas por meio da chave primária.

( ) Nas tabelas associativas, geralmente a chave primária é composta pelas chaves primárias das tabelas envolvidas no relacionamento.

[para saber mais]

ALVES, W. P. **Banco de dados**: teoria e desenvolvimento. São Paulo: Érica, 2009.

CORONEL, C.; ROB, P. **Sistemas de banco de dados**: projeto, implementação e administração. São Paulo: Cegange Learning, 2010.

```
0000_0101 = V
```

Conteúdos do capítulo

– Linguagem C.
– Conceitos básicos.
– Estrutura condicional.
– Estrutura de repetição.
– Vetor e matriz.
– Estrutura.
– Funções.

Após o estudo deste capítulo, você será capaz de:

1. caracterizar a linguagem C;
2. entender a estrutura de um programa em C;
3. implementar um programa em C.

introdução_à_linguagem_C

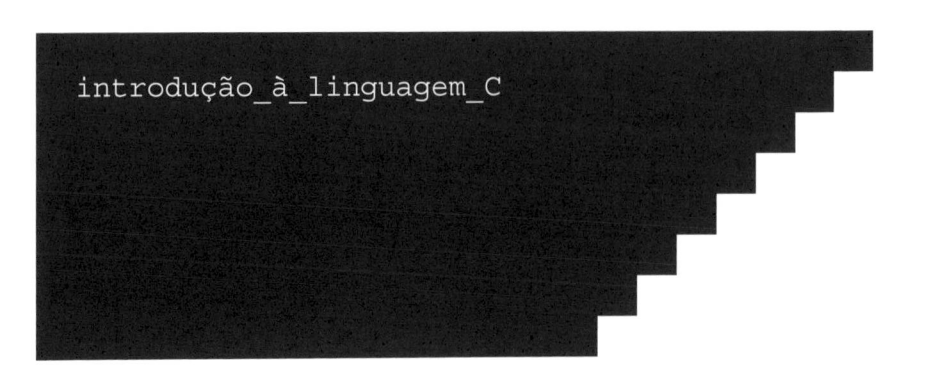

Agora que você já conhece os conceitos relacionados aos algoritmos e à lógica de programação, vamos estudar a linguagem de programação C. Antes de conhecê-la, você precisa saber que uma linguagem de programação é a ferramenta que transforma um algoritmo em um programa de computador.

Neste capítulo, examinaremos as características da linguagem C, a estrutura geral de um programa em C, a declaração de variáveis e constantes, as funções matemáticas disponíveis e os principais comandos para realizar a entrada e a saída de dados. Além disso, veremos como trabalhar com estruturas de seleção, repetição, vetores, matrizes, registros e funções.

Ao final deste capítulo, você conseguirá "transformar" os algoritmos que aprendeu em programas de computador.

[histórico e fundamentos da linguagem C]

A linguagem C é uma linguagem de programação genérica que pode ser utilizada em praticamente qualquer tipo de projeto, por exemplo: desenvolvimento de sistemas operacionais, editor de texto, *software* básico, processamento de imagens e métodos numéricos (Kernighan; Ritchie, 1988).

A linguagem C tem se popularizado em virtude de sua versatilidade – ela combina as vantagens de uma linguagem de alto nível com a eficiência de uma linguagem de baixo nível (Cocian, 2004; Rocha, 2006). Ao usarmos a linguagem C, temos de ter bastante cuidado, pois é possível realizar em nossos programas construções sem sentido, as quais são aceitas como válidas pelo compilador. Outro ponto a que devemos prestar atenção é que a linguagem C considera letras maiúsculas e minúsculas como caracteres distintos, isto é, C é uma linguagem *case sensitive*.

Os principais pontos positivos da linguagem C são: portabilidade do compilador, padronização de bibliotecas, sintaxe "elegante" e facilidade de acesso ao *hardware*. Além disso, a linguagem C é frequentemente utilizada nas áreas de engenharia, especialmente nas situações em que é necessário otimizar os recursos (memória e tempo de processamento). Desse modo, é importante que você, como futuro engenheiro, conheça a linguagem C e saiba construir programas com ela (Cocian, 2004).

Melo (2013) destaca a importância de aprender a linguagem C em razão de seu amplo uso comercial e da disponibilidade de ambientes de programação e compilação para diversas plataformas. Se você fizer uma busca por compiladores para linguagem C, encontrará diversos. Alguns exemplos destacados por Leal (2012, p. 17) são: "GCC, Dev C++, C++ Builder, Turbo C e Visual C#".

Neste livro, para efeitos didáticos, adotaremos um compilador específico, o Dev C++ (Figura 5.1), o qual será utilizado em nossos exemplos e exercícios. Para um melhor aprendizado da linguagem C, é importante compilar e executar todos os códigos apresentados neste capítulo. Assim, você também vai se familiarizando com o Dev C++.

Figura 5.1 – Tela inicial do Dev C++

Vamos iniciar nosso estudo sobre a linguagem C, de modo a entender a estrutura geral de um programa.

```
Estrutura geral de um programa em C

main()
{
   conjunto de instruções;
   return (0);
}
```
Fonte: Ascencio; Campos, 2010, p. 20.

Na linguagem C, os programas são formados por chamadas de função. Dessa forma, todo programa em C precisa de uma função **main**, chamada no início da execução. Após a declaração do *main*, temos o conteúdo da função, o qual é sempre delimitado por abre e fecha chaves, isto é, o conteúdo do programa deve ficar entre as chaves e será executado de forma sequencial, linha a linha. O comando **return** indica o valor de retorno da função, e o zero **(0)** que o acompanha indica que o programa finalizou sem erros. Atente para o fato de que os comandos em C terminam com ";", exceto a declaração da função.

Agora que você conhece a estrutura geral de um programa em C, vamos "colocar a mão na massa" e construir nosso primeiro programa, que apresentará na tela a mensagem "Aprendendo a linguagem C". Na construção desse programa, devemos manter a estrutura geral e acrescentar o comando para imprimir na tela essa mensagem. Em C, as funções de entrada e saída de dados pertencem ao arquivo de cabeçalho denominado **stdio.h**. Desse modo, precisamos incluí-lo em nossos programas por meio da instrução **#include <stdhio.h>**. Para imprimir na tela uma sequência de caracteres, utilizamos o comando **printf**. Não se preocupe! Mais adiante veremos detalhadamente como funciona o *printf* e quais são seus parâmetros.

A seguir, apresentamos a estrutura do nosso primeiro programa em C, que imprime em tela a mensagem "Aprendendo a linguagem C".

```
Programa inicial

#include <stdio.h>
main()
{
  printf ("Aprendendo a linguagem C");
  return (0);
}
```

Na Figura 5.2, é possível visualizar o programa no Dev C++. Para executarmos o programa, é necessário compilá-lo previamente. No Dev C++, podemos pressionar a tecla F11 para compilar e executar o programa ou acionar o menu *Executar*.

Figura 5.2 – Programa inicial no compilador Dev C++

O resultado da execução do nosso primeiro programa pode ser visto na Figura 5.3, em que temos a impressão em tela da mensagem inserida como parâmetro para o *printf*.

Figura 5.3 – Saída do programa inicial

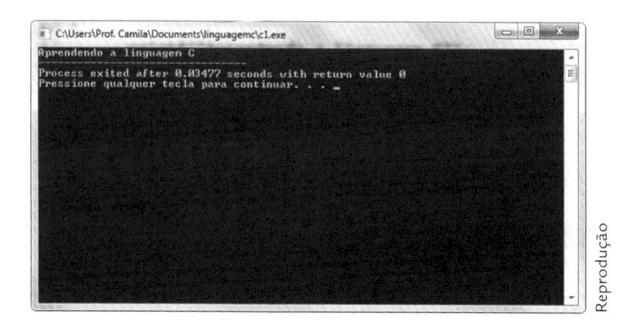

Pronto! Já executamos nosso primeiro programa em C. Agora que conhecemos a estrutura geral de um programa, precisamos entender os conceitos básicos da linguagem C. As seções seguintes destacam esses conceitos.

[conceitos básicos]

Esta seção apresenta os conceitos iniciais da linguagem C, destacando identificadores, tipos de dados, variáveis e constantes, comandos de atribuição, comandos para entrada e saída de dados, operadores disponíveis e funções intrínsecas da linguagem.

■ Identificadores

Identificador é o nome utilizado para representar variável, constante, função e rótulo do programa (Murray; Pappas, 1991). Em C, os comandos devem ser escritos sempre em minúsculo. Além disso, devemos lembrar que C é *case sensitive*, ou seja, o identificador *Resposta* não é o mesmo que o identificador *resposta*.

Outra observação: não podemos utilizar palavras reservadas como identificadores. A seguir, apresentamos as palavras reservadas da linguagem C. Não se preocupe em decorar todas essas palavras, pois, ao longo do capítulo, você se familiarizará com elas.

Palavras reservadas da linguagem C

asm	template	do	register
catch	this	double	return
clas	virtual	else	short
delete	_cs	enum	signed
_export	_ds	extern	sizeof
frient	_es	far	static
inline	_ss	float	struct
_loadds	auto	for	switch
new	break	goto	typedef
operator	case	huge	union
private	catch	if	unsigned
protected	cdecl	int	void
public	char	interrupt	volatile
_regparam	const	long	while
_saveregs	continue	near	
_seg	default	pascal	

Fonte: Adaptado de Ascencio; Campos, 2010, p. 25.

■ Tipos de dados

Em C, há sete tipos de dados básicos para representar as informações: **char**, **int**, **float**, **double**, **enum**, **void** e **pointer** (Murray; Pappas, 1991). No Quadro 5.1, são destacados os tipos de dados (*char*, *int*, *double* e *float*), sua definição, faixa de valor e tamanho utilizados. Esses tipos de dados podem originar novos tipos de dados com o uso dos modificadores:

_ **unsigned** – Declara os tipos de dados como sem sinal. Com isso, a gama de valores que pode ser representada é duplicada. Por exemplo, ao declararmos uma variável como *unsigned char*, a faixa de valores passa a ser de 0 a 255.
_ **short** – Reduz a capacidade de armazenamento.
_ **long** – Aumenta a capacidade de armazenamento.

Quadro 5.1 – Tipos de dados e faixa de valores

Tipo	Definição	Faixa de valores	Tamanho (aproximado)
char	Caracteres simples e *strings* (cadeia de caracteres).	-128 a 127	8 *bits*
int	Dados numéricos que não têm componente decimal ou fracionário.	-32.768 a 32.767	16 *bits*
float	Dados numéricos que têm componente decimal ou fracionário.	3.4×10^{-38} a 3.4×10^{38}	32 *bits*
double	Valores em ponto flutuante de precisão dupla.	1.7×10^{-308} a 1.7×10^{308}	64 *bits*

Fonte: Adaptado de Ascencio; Campos, 2010, p. 21.

Os demais tipos de dados disponíveis na linguagem C, segundo Ascencio e Campos (2010), são:

_ **enum** – É um tipo de dado definido pelo usuário, ou seja, tipo de dado que receberá um conjunto predefinido de valores.
_ **void** – São valores que ocupam 0 *bit* e não têm valor algum.

– **pointer** – É um tipo especial, que não contém informação, mas uma localização de memória.

Lembramos que a faixa de valores apresentada no Quadro 5.1 pode variar de acordo com o compilador adotado (Ascencio; Campos, 2010).

■ Variáveis e constantes

Em C, a declaração de variáveis ocorre após a especificação do tipo de dado, sendo a sintaxe dada por:

```
<tipo> identificador;
```

Exemplos de declaração de variáveis são destacados no Quadro 5.2, em que são apresentados a declaração e o significado.

Quadro 5.2 – Exemplos de declaração de variáveis

Declaração	Significado
`int idade;`	Declara uma variável chamada *idade*, que pode armazenar um valor inteiro.
`float media;`	Declara uma variável chamada *média*, que pode armazenar um valor real.
`float media, custo;`	Declara duas variáveis denominadas, respectivamente, *media* e *custo*, que podem armazenar valor real.
`char tipo;`	Declara uma variável denominada *tipo*, que pode armazenar um caractere.
`char produto[50];`	Declara uma variável denominada *produto*, que pode armazenar até 50 caracteres.

Em C, as constantes são definidas da seguinte forma:

```
#define <identificador> valor
```

> **Atenção!**
> Não devemos utilizar o caractere ";" na declaração de constantes.

Comando de atribuição

Em C, a atribuição é realizada empregando-se o sinal de igualdade. A sintaxe é dada por:

```
identificador = expressão;
```

Para facilitar o entendimento do comando de atribuição, apresentamos alguns exemplos no Quadro 5.3.

Quadro 5.3 – Exemplos de atribuição

Exemplo	Significado
y = 15;	O valor 15 é atribuído à variável y.
y = y + 7;	É atribuído à variável y o valor de y mais 7.
tipo = 'P';	O valor 'P' é atribuído à variável denominada tipo.
produto = "Mola";	O valor "Mola" é atribuído à cadeia de caracteres denominada produto.

> **Atenção!**
> Para atribuir uma cadeia de caracteres, utilizamos aspas ("); para atribuir um caractere, utilizamos apóstrofos (').

Comandos de entrada e saída de dados

A entrada de dados, na linguagem C, pode ser realizada pelos comandos **cin**, **gets** e **scanf**. Os comandos *gets* e *scanf* "armazenam toda a cadeia de caracteres até que a tecla ENTER seja pressionada" (Ascencio; Campos, 2010, p. 274). Já o comando *cin* armazena os caracteres "até a ocorrência do primeiro espaço em branco" (Ascencio; Campos, 2010, p. 274).

A função *scanf* é a mais utilizada. Sua sintaxe é:

```
scanf ("expressão de controle", lista de argumentos);
```

O argumento *expressão de controle* deve ser escrito entre aspas e contém os especificadores de formato (Quadro 5.4), que indicam como os dados de entrada devem ser armazenados. Na lista de argumentos, as variáveis devem ser separadas por vírgulas e cada uma delas deve ser precedida pelo operador de endereço (&), que indica o endereço da posição de memória para a variável (Rocha, 2006).

> **Atenção!**
> O operador de endereço (&) não é utilizado na leitura de *strings*.

Quadro 5.4 – Especificadores de formato

Código	Significado
%c	Leitura de um único caractere.
%d	Leitura de um número decimal inteiro.
%i	Leitura de um decimal inteiro.
%u	Leitura de um decimal sem sinal.
%e	Leitura de um número em ponto flutuante com sinal opcional.
%f	Leitura de um número em ponto flutuante com ponto opcional.
%g	Leitura de um número em ponto flutuante com expoente opcional.
%o	Leitura de um número em base octal.
%s	Leitura de uma *string*.
%x	Leitura de um número em base hexadecimal.
%p	Leitura de um ponteiro.

Fonte: Adaptado de Murray; Pappas, 1991, p. 122-123.

A saída de dados é realizada usando a função ***printf***, cuja sintaxe é dada por:

    printf ("expressão de controle", lista de argumentos);

O argumento *expressão de controle* contém as mensagens que serão exibidas na tela, os especificadores de formato e os códigos especiais (Quadro 5.5). Na lista de argumentos, podem ser inseridos identificadores de variáveis, expressões aritméticas ou lógicas e valores constantes.

Quadro 5.5 – Códigos especiais

Código	Significado
\n	Nova linha.
\t	Tab.
\b	Retrocesso.
\"	Aspas.
\\	Contrabarra.
\f	Salta página de formulário.
\0	Nulo.

Fonte: Adaptado de Murray; Pappas, 1991, p. 122.

> **Atenção!**
> Para utilizar os comandos de entrada e saída de dados, é necessário incluir a biblioteca *stdio.h*.

O programa a seguir exemplifica o uso dos comandos para entrada e saída de dados. Nesse exemplo, o primeiro bloco de comandos na função *main* apresenta a declaração das variáveis e o segundo bloco realiza a entrada de dados, ou seja, a leitura de nome, idade, altura e peso. Por fim, o terceiro bloco de comando apresenta os dados em tela (saída de dados).

```
Programa com entrada e saída de dados
#include <stdio.h>
main()
{
  char nome[30];
  int idade;
  float altura, peso;
  printf ("Digite o nome:");
  scanf ("%s", nome);
  printf ("Digite a idade:");
  scanf ("%d", &idade);
  printf ("Digite a altura:");
  scanf ("%f", &altura);
  printf ("Digite o peso:");
  scanf ("%f", &peso);
  printf ("\n Nome: %s", nome);
  printf ("\n Idade : %d", idade);
  printf ("\n Altura : %.2f", altura);
  printf ("\n Peso : %.2f", peso);
  return (0);
}
```

Operadores

Os operadores aritméticos disponíveis na linguagem C são mostrados no Quadro 5.6.

Quadro 5.6 – Operadores aritméticos

Operação	Operador
Soma	+
Subtração	-
Multiplicação	*
Divisão	/
Resto	%

Fonte: Adaptado de Ascencio; Campos, 2010, p. 19.

O programa a seguir demonstra a aplicação dos operadores aritméticos. Como entrada de dados, temos a leitura de dois números inteiros, armazenados nas variáveis *num1* e *num2*, respectivamente. Após a declaração das variáveis, é realizada a entrada de dados. As operações aritméticas (soma, subtração, multiplicação e divisão) foram feitas diretamente na saída de dados.

```
Programa com operadores aritméticos
#include <stdio.h>
main()
{
  float num1, num2;
  printf ("Informe um numero real:");
  scanf ("%f", &num1);
  printf ("Informe outro numero real:");
  scanf ("%f", &num2);
  printf ("\n A soma e: %.2f", num1+num2);
  printf ("\n A subtracao e: %.2f", num1 - num2);
  printf ("\n A multiplicacao e: %.2f", num1*num2);
  printf ("\n A divisao e: %.2f", num1/num2);
  return (0);
}
```

Em C, temos a possibilidade de representar de maneira sintética uma operação aritmética seguida de uma operação de atribuição. Nesse caso, são utilizados os operadores aritméticos de atribuição destacados no Quadro 5.7.

Quadro 5.7 – Operadores matemáticos de atribuição

Operador	Exemplo	Equivalência
+=	x += y	x = x + y
-=	x -= y	x = x - y
*=	x *= y	x = x * y
/=	x /= y	x = x/y
%=	x %= y	x = x % y
++	x++	x = x + 1
	y = ++x	x = x + 1 e depois y = x
	y = x ++	y = x e depois x = x + 1
--	x--	x = x - 1
	y = --x	x = x - 1 e depois y = x
	y = x--	y = x e depois x = x - 1

Fonte: Adaptado de Murray; Pappas, 1991, p. 160.

O Quadro 5.8 apresenta os operadores relacionais da linguagem C.

Quadro 5.8 – Operadores relacionais

Operador	Símbolo
Igual	==
Diferente	!=
Maior que	>
Menor que	<
Maior ou igual a	>=
Menor ou igual a	<=

Fonte: Adaptado de Ascencio; Campos, 2010, p. 24.

Os operadores lógicos de disjunção, conjunção e negação são representados, respectivamente, pelos seguintes símbolos: | |, && e !.

■ Funções intrínsecas

As principais funções intrínsecas (fórmulas matemáticas prontas) da linguagem C são mostradas no Quadro 5.9. Atente para essas funções, pois elas serão frequentemente utilizadas em aplicações de engenharia.

Quadro 5.9 – Funções intrínsecas da linguagem C

Função	Exemplo	Objetivo
ceil	ceil(x)	Arredonda um número real para cima. Por exemplo, cel(3.4) é 4.
cos	cos(x)	Calcula o cosseno de x. O valor de x deve estar em radianos.
exp	exp(x)	Obtém o logaritmo natural e elevado à potência x.
abs	abs(x)	Retorna o valor absoluto de x.
floor	floor(x)	Arredonda um número real para baixo. Por exemplo, floor(5.3) é 5.
log	log(x)	Retorna o logaritmo natural de x.
log10	log10(x)	Retorna o logaritmo de base 10 de x.
modf	z=modf(x,&y)	Decompõe o número real armazenado em x em duas partes: y recebe a parte fracionária e z a parte inteira.
pow	pow(x,y)	Calcula a potência de x elevado a y.
sin	sin(x)	Calcula o seno de x.
sqrt	sqrt(x)	Calcula a raiz quadrada de x.
tan	tan(x)	Calcula a tangente de x.
M_PI	M_PI	Retorna o valor de π.

Fonte: Adaptado de Ascencio; Campos, 2010, p. 24.

Observe a seguir um programa que realiza a leitura de um número real (entrada de dados), o qual é armazenado na variável *num1* e exibe como saída a aplicação das funções intrínsecas para arredondar para cima, arredondar para baixo, raiz quadrada e logaritmo natural. Para utilizar essas funções em nosso programa, é necessário incluir a biblioteca *math.h*.

```
Programa com funções intrínsecas

#include <stdio.h>
#include <math.h>
main()
{
  float num1;
  printf ("Informe um numero real:");
  scanf ("%f", &num1);
  printf ("\n Arredonda para cima %.2f", ceil(num1));
  printf ("\n Arredonda para baixo %.2f", floor(num1));
  printf ("\n Raiz quadrada %.2f", sqrt(num1));
  printf ("\n Logaritmo natural %.2f", log(num1));
  return (0);
}
```

[estrutura de seleção]

Em C, a estrutura de seleção pode ser realizada utilizando-se o *if*, *if else* e *case*. As seções seguintes apresentam a sintaxe de cada uma dessas estruturas e um exemplo de aplicação.

■ Estrutura *if*

A estrutura de seleção simples, na linguagem C, é dada por:

```
if (<condição>)
{
   <instruções para condição verdadeira>;
}
```

Esse tipo de estrutura permite tomar uma decisão. Se o resultado do teste lógico da condição for verdadeiro, as instruções compreendidas entre {} serão executadas. Em C, o uso de chaves é opcional quando existe apenas um comando para ser executado, caso a condição seja verdadeira. O caractere ";" não é utilizado ao final do *if*.

■ Estrutura *if... else*

A estrutura de seleção composta permite que tenhamos duas ações com a avaliação de uma única expressão. Isto é, se o resultado do teste lógico for verdadeiro, serão executadas as instruções entre {} após o *if*. Se o resultado for falso, serão executadas as instruções entre {} após o *else*.

A sintaxe dessa estrutura é:

```
if (<condição>)
{
   <instruções para condição verdadeira>;
}
else
{
   <instruções para condição falsa>;
}
```

guia prático de aprendizagem

■ Estrutura *case*

A estrutura *case* possibilita que uma ou mais condições sejam avaliadas. Além disso, permite que haja um comando diferente associado a cada condição (Leal, 2012).

A sintaxe da estrutura *case* é:

```
switch (<variável>)
{
  case <valor 1>: <instruções>;
  break;
  case <valor 2>: <instruções>;
  break;
  case <valor 3>: <instruções>;
  break;
  default: <instruções>;
}
```

O comando *switch* é responsável por avaliar o valor da variável. Com essa avaliação, seleciona-se qual *case* deve ser executado. Em cada *case* há um possível valor para a variável e o comando *break* para impedir que as instruções dos outros *cases* sejam executadas. Se o valor da variável não está especificado em nenhum *case*, são executadas as instruções contidas no *default* (Ascencio; Campos, 2010).

> **Atenção!**
> A variável da estrutura *case* "obrigatoriamente deve ser do tipo **char, unsigned char, int, unsigned int, long** ou **unsigned long**" (Leal, 2012, p. 66, grifo do original).

[estrutura de repetição]

Na linguagem C, temos três estruturas de repetição: ***for**, **while*** e ***do while***. As seções seguintes destacam a sintaxe e um exemplo de aplicação para cada uma dessas estruturas.

■ Estrutura *for*

A estrutura *for* é utilizada para um número definido de repetições. Devemos aplicar essa estrutura quando sabemos previamente o número de vezes que o trecho de código precisa ser repetido. A sintaxe dessa estrutura é:

```
for (i= valor inicial; condição; incremento ou decremento de i);
{
   <instruções>;
}
```

Na primeira parte, temos a inicialização da variável *i*, que "tem como função controlar o número de repetições do laço" (Ascencio; Campos, 2010, p. 100). Essa inicialização é executada em primeiro lugar e uma única vez.

Já a segunda parte "corresponde a uma expressão relacional que, ao assumir valor falso, determinará o fim da repetição" (Ascencio; Campos, 2010, p. 100).

Por fim, a terceira parte "é responsável por atualizar (incrementar ou decrementar) o valor da variável utilizada para controlar a repetição" (Ascencio; Campos, 2010, p. 100). A atualização é executada ao fim de cada iteração.

■ Estrutura *while*

Na estrutura *while*, o *loop* é baseado na análise de uma condição, sendo o teste condicional executado no início. A sintaxe é:

```
while (condição);
{
   <instruções>;
}
```

▪ Estrutura *do... while*

Na estrutura *do... while*, o *loop* é baseado na análise de uma condição, e o teste condicional é executado no final. A sintaxe é:

```
do
{
   <instruções>;
}
while (condição);
```

[vetor e matriz]

Em C, os vetores são identificados pela existência de colchetes após o nome da variável no momento da declaração. O valor contido nos colchetes representa o número de posições do vetor (Garcia; Lopes, 2002).

A declaração de um vetor é dada por:

```
tipo_da_variável nome_da_variável [tamanho];
```

> **Atenção!**
> "Em C a numeração inicia sempre em zero, ou seja, os índices utilizados para identificar as posições começam em zero e vão até o tamanho do vetor menos uma unidade" (Leal, 2012, p. 120).

Uma matriz é uma variável composta multidimensional em que o acesso aos seus elementos é realizado utilizando-se índices que podem ser referenciados diretamente ou por meio de uma expressão, desde que ela resulte em um valor inteiro (Leal, 2012).

A declaração de uma matriz é dada por:

```
tipo_da_variável nome_da_variável [tamanho][tamanho]...;
```

[estrutura]

Estrutura é um grupo de itens que permite "agregar várias informações, que podem ser de diferentes tipos" (Ascencio; Campos, 2010, p. 303). Ao utilizarmos uma estrutura, podemos "gerar novos tipos de dados, além dos definidos pelas linguagens de programação" (Ascencio; Campos, 2010, p. 303).

Em uma estrutura, o acesso aos elementos não é realizado por sua localização, mas por meio do nome do campo que se pretende acessar. Cada informação da estrutura é denominada *campo*, o qual pode ser de diferentes tipos.

A sintaxe para a declaração de uma estrutura é:

```
struct nome_da_estrutura
{
tipo_de_dado do campo 1;
tipo_de_dado do campo 2;
...
tipo_de_dado do campo n;
};
```

Consideremos como exemplo a definição de uma estrutura que armazena a ficha de um colaborador, conforme a Figura 5.4. As informações a serem armazenadas são matrícula, nome, sexo e data de nascimento, as quais representam os campos que a estrutura deve conter.

Figura 5.4 - Ficha de colaborador

```
Matrícula:_____
Nome:_____
Sexo:_____ Data de nascimento:_____
```

A declaração da estrutura para a ficha do colaborador é:

```
struct colaborador
{
int matricula;
char nome[50];
char sexo[1];
char data[10];
};
```

A declaração apresentada indica que o programa poderá utilizar um novo tipo de dado que contém quatro informações sobre o colaborador. Em um programa, para utilizar uma *struct*, é necessário declarar uma variável desse tipo, conforme segue:

```
nome_da_estrutura nome_da_variável;
```

> **Atenção!**
> A *struct* só pode ser utilizada no bloco em que foi definida. Para torná-la acessível de qualquer parte do programa, ela deve ser definida após a função *main*.

[funções]

Na linguagem C, a modularização de programas é realizada por meio de funções. Programa em C é um conjunto de funções executadas com a execução de uma função denominada *main( )*. Em cada função, podemos ter declarações de variáveis, de instruções e até mesmo de outras funções.

A sintaxe de uma função é:

```
tipo_de_retorno nome_da_função (declaração_de_parâmetros)
{
   corpo_da_função
}
```

Nesse caso:

_ *tipo_de_retorno* define o tipo de variável que a função retorna;

- *declaração_de_parâmetros* refere-se às variáveis de entrada da função;
- *corpo_da_função* indica o conjunto de instruções que realizam a subtarefa.

O comando *return* encerra a função e retorna o valor informado. O valor informado no comando *return* deve ser compatível com o tipo declarado para a função.

A linguagem C tem o tipo *void*, que permite escrever funções que não retornam nada e não têm parâmetros. A sintaxe de uma função que não retorna nada é:

```
void nome_da_função (declaração_de_parâmetros)
```

Os parâmetros de uma função podem ser passados de duas formas: por valor e por referência. Na passagem de parâmetro **por valor**, o valor do parâmetro real não é alterado quando o parâmetro formal é manipulado. Nesse tipo de passagem de parâmetro, a função mantém cópias dos valores passados no momento da chamada (Ascencio; Campos, 2010).

Mostramos a seguir um programa em C que recebe um número inteiro com entrada de dados e calcula o dobro desse número.

Programa com passagem de parâmetros por valor

```c
#include <stdio.h>
#include <conio.h>
int calculadobro (int x)
{
  x = x * x;
  return x;
}
void main ()
{
  int x, resultado;
  clrscr ();
  printf ("Informe um número:");
  scanf ("%d", &x);
  resultado = calculadobro(x);
  printf ("O dobro do numero e %d", resultado);
}
```

A passagem de parâmetro **por referência** utiliza o endereço de memória ocupado pelas variáveis dos parâmetros. Com isso, sabemos que a manipulação no parâmetro formal altera o parâmetro real (Ascencio; Campos, 2010).

Observe a seguir um exemplo que usa a passagem de parâmetro por referência, na qual utilizamos o operador **&** para obter o endereço de memória de uma variável. Esse operador é utilizado sempre na frente do nome da variável no momento da chamada da função. Outro aspecto importante é que as operações no interior da função são efetuadas sobre ponteiros, por isso utilizamos o caractere * antes do nome das variáveis.

Programa com passagem de parâmetros por referência

```c
#include <stdio.h>
#include <conio.h>
int calculadobro (int *x)
{
   *x = *x * (*x);
   return *x;
}
void main ()
{
   int x, resultado;
   clrscr();
   printf ("Informe um número:");
   scanf ("%d", &x);
   resultado = calculadobro(&x);
   printf ("O dobro do numero e %d", resultado);
}
```

> **Atenção!**
> A passagem de parâmetro por valor não altera o parâmetro real, enquanto a passagem de parâmetro por referência altera o parâmetro real.

[síntese]

Na linguagem C, a entrada e a saída de dados são executadas por meio dos comandos *scanf* e *printf*, respectivamente. Os tipos básicos de dados disponíveis são: *char, int, float* e *double*. Há três tipos de estrutura condicional e três tipos de laços de repetição. Em C, as sub-rotinas são do tipo função.

Figura 5.5 – Síntese do capítulo "Introdução à linguagem C"

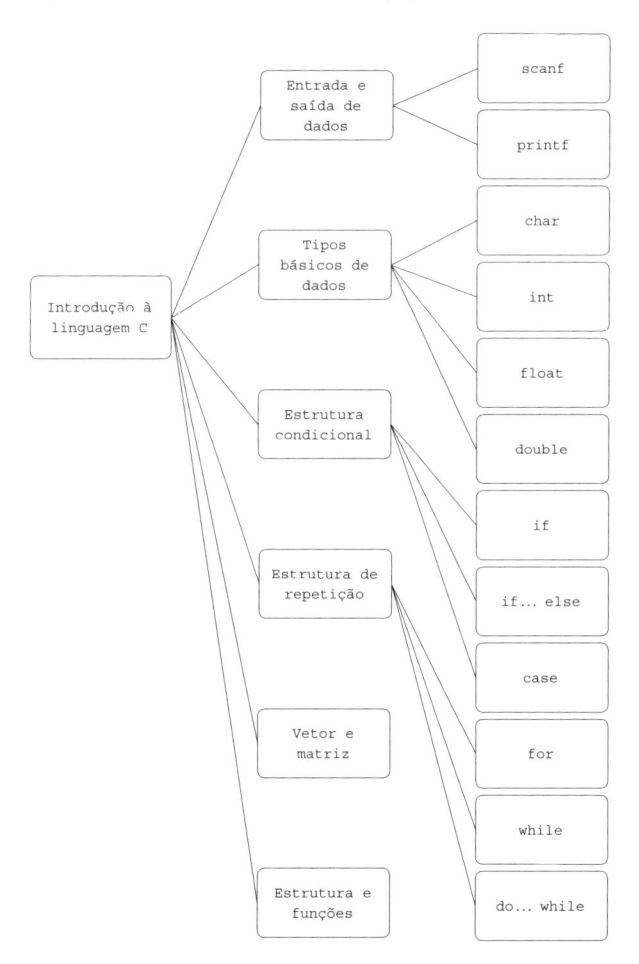

[exercícios resolvidos]

1. Construa um programa que calcule a área e o perímetro de uma circunferência.

```c
#include <stdio.h>
#include <math.h>
main ()
{
  float raio, area, perimetro;
  printf ("Informe o valor do raio:");
  scanf ("%f", &raio);
  area = (M_PI * raio * raio);
  perimetro = (2 * M_PI * raio);
  printf("\n A area do circuloe: %.2f", area);
  printf("\n O perímetro do circulo e: %.2f", perimetro);

  return (0);
}
```

2. Desenvolva um programa que receba o custo de um produto e a margem de lucro e que calcule seu preço de venda.

```c
#include <stdio.h>
main ()
{
  float custo, mlucro, pvenda;
  printf ("Informe o custo do produto:");
  scanf ("%f", &custo);
  printf ("Informe o percentual da margem de lucro:");
  scanf ("%f", &mlucro);
  pvenda =(custo + (custo*mlucro)/100);
  printf ("\n O preço de venda e: %.2f", pvenda);
  return (0);
}
```

3. O peso ideal de uma pessoa está relacionado com a altura e o sexo. Para homens, o peso ideal é dado por (72.7 × altura) – 58. Para mulheres, esse peso é dado por (62.1 × altura) – 44.7. Formule um programa que receba altura e peso e que imprima o peso ideal.

```c
#include <stdio.h>
main ()
{
  float peso, altura;
  char sexo;
  printf("\n Informe o sexo:");
  scanf("%c", &sexo);
  printf("\n Informe a altura:");
  scanf ("%f", &altura);
  if ((sexo=='F') || (sexo=='f'))
  {
    peso= (62.1 * altura) - 44.7;
  }
  else
  {
    peso =(72.7 * altura)-58;
  }
printf ("\n O peso ideal e : %.2f", peso);
return (0);
}
```

4. Desenvolva um programa que receba um número inteiro e que verifique se ele é primo.

```c
#include <stdio.h>
main ()
{
  int numero, i, qtd;
  printf("\n Informe o numero que deseja verificar:" );
  scanf ("%d", &numero);
  qtd = 0;
  for (i=1; i<=numero; i++)
  {
    if (numero % i == 0)
      qtd ++;
  }
  if (qtd == 2)
    printf ("\n E primo.");
  else
    printf ("\n Nao e primo.");
  return (0);
}
```

5. Elabore um programa que receba a idade e a altura de várias pessoas e que calcule a média de altura e idade. Os dados devem ser lidos até que seja digitado o valor 0 para a idade.

```c
#include <stdio.h>
main ()
{
  int idade, qtd;
  float altura, somaa, somai;
  somaa = 0;
  somai = 0;
  qtd = 0;
  printf ("\n Informe a idade:");
  scanf ("%d", &idade);
  printf ("\n Informe a altura:");
  scanf ("%f", &altura);
  while (idade != 0)
  {
    qtd ++;
    somai = somai + idade;
    somaa = somaa + altura;
    printf ("\n Informe a idade:");
    scanf ("%d", &idade);
    printf ("\n Informe a altura:");
    scanf ("%f", &altura);
  }
  printf ("\n A media de altura e : %.2f", somaa/qtd);
  printf ("\n A media de idade e : %.2f", somai/qtd);
  return (0);
}
```

Questões para revisão

1. Construa um programa que calcule a área de um hexágono.

2. Construa um programa que apresente todos os números divisíveis por 3 menores que 50.

3. Desenvolva um programa que leia um número inteiro e que apresente seu fatorial.

4. Formule um programa que leia 4 notas de 20 alunos e que calcule e apresente a média de cada aluno e a média da turma.

5. Desenvolva um programa que leia informações sobre o salário e o número de filhos dos colaboradores de uma empresa. A entrada de dados é encerrada quando é informado o valor -1 para o salário. O programa deve calcular e apresentar a média de salário dos funcionários, a média dos filhos, o menor e o maior salário.

[para saber mais]

BACKES, A. **Linguagem C**: completa e descomplicada. Rio de Janeiro: Elsevier, 2012.

DAMAS, L. **Linguagem C**. São Paulo: LTC, 2007.

```
para_concluir...
```

Prezado leitor, ao longo do estudo dos conteúdos deste livro, esperamos que você tenha desenvolvido seu raciocínio lógico, aprendido a construir algoritmos e banco de dados e compreendido a linguagem de programação C.

Em cada capítulo, apresentamos exemplos e exercícios resolvidos, com o intuito de facilitar o processo de aprendizagem. Além disso, oferecemos indicações de leitura que visam a complementar os conteúdos vistos no decorrer da obra.

No Capítulo 1, vimos a importância dos computadores no cenário atual, o papel que eles desempenham no ambiente organizacional e o quão requeridos são na execução das rotinas diárias, sejam profissionais, seja pessoais. Fizemos uma introdução ao mundo dos algoritmos e estudamos suas formas de representação (descrição narrativa, fluxograma e pseudocódigo) e sua estrutura básica (entrada, processamento e saída de dados).

No Capítulo 2, vimos como formular algoritmos com desvio de fluxo (estrutura de seleção) e repetição de trechos de código (estrutura de repetição). Estudamos as estruturas de seleção simples, composta, encadeada e de decisão múltipla. Vimos também como construir algoritmos com laços de repetição usando a estrutura *para*, a estrutura *enquanto* e a estrutura *repita*. Além disso, analisamos as particularidades de cada uma das estruturas de seleção e repetição e vimos quando aplicar cada uma delas.

No Capítulo 3, estudamos como agrupar as informações em uma única variável, utilizando as estruturas homogêneas (vetores e matrizes) e as heterogêneas (registros). Vimos como realizar operações de atribuição, entrada e saída de dados utilizando essas estruturas e também como construir sub-rotinas (procedimentos e funções).

No Capítulo 4, vimos o que é um banco de dados, sua importância, os níveis de abstração envolvidos na modelagem e o projeto de um banco de dados. Estudamos também os conceitos de entidade, atributo e relacionamento e vimos como construir um diagrama de entidade-relacionamento.

Por fim, no Capítulo 5, estudamos a linguagem de programação C, suas características e sintaxe. Vimos também como converter nossos algoritmos em programas executáveis. Examinamos os comandos associados à entrada e à saída de dados e às funções matemáticas, além de estruturas de seleção, estruturas de repetição, vetores, matrizes, funções e *structs*.

referências

ALEXANDRUK, M. **Modelagem de banco de dados**. 2011. Disponível em: <http://www.unilivros.com.br/pdf/dbmod.pdf>. Acesso em: 7 maio 2015.

ALVES, W. P. **Informática fundamental**: introdução ao processamento de dados. 4. ed. São Paulo: Érica, 2014.

AMBRÓSIO, A. P.; GONDIM, H. W. A. S. Esboço de fluxogramas no ensino de algoritmos. In: WORKSHOP SOBRE EDUCAÇÃO EM COMPUTAÇÃO – WEI, 17., 2008, Belém. **Anais**... Goiânia: Universidade Federal de Goiás, 2008. Disponível em: <http://www.portal.inf.ufg.br/tablets/sites/portal.inf.ufg.br.tablets/files/tabletsArticle-Halley-AnaPaula_Esbo_o-Fluxogramas.pdf>. Acesso em: 7 maio 2015.

ARANTES, A. R.; FERREIRA, J. L. LEaRning: uma ferramenta didática para projeto conceitual de banco de dados. In: SIMPÓSIO MINEIRO DE SISTEMAS DE INFORMAÇÃO, 2., 2005, Belo Horizonte. **Anais**... Belo Horizonte: Pontifícia Universidade Católica de Minas Gerais, 2005.

ASCENCIO, A. F. G.; CAMPOS, E. A. V. **Fundamentos da programação de computadores**. 5. ed. São Paulo: Prentice Hall, 2010.

AZUMA, S.; TAKAHASHI, M. **Guia mangá de banco de dados**. São Paulo: Novatec, 2009.

BARBOSA, L. M.; SALVETTI, D. D. **Algoritmos**. São Paulo: Makron Books, 2004.

BRMODELO. **brModelo 2.0**. 2007. Disponível em: <http://sis4.com/brModelo>. Acesso em: 7 maio 2015.

CAPRON, H. L.; JOHNSON, J.A. **Introdução à informática**. São Paulo: Prentice Hall, 2004.

COCIAN, L. F. E. **Manual da linguagem C**. Canoas: Ulbra, 2004.

COSTA, H. A. X.; SANTOS, R. P. dos. Análise de metodologias e ambientes de ensino para algoritmos, estruturas de dados e programação aos iniciantes em computação e informática. **Infocomp – Journal of Computer Science**, Lavras, v. 5, n. 1, p. 41-50, 2006.

DATE, C. J. **Introdução a sistemas de banco de dados**. 8. ed. Rio de Janeiro: Campus, 2004.

EBERSPACHER, H. F.; FORBELLONE, A. L. V. **Lógica de programação**: a construção de algoritmos e estrutura de dados. 3. ed. São Paulo: Makron Books, 2005.

ELMASRI, R.; NAVATHE, S. B. **Fundamentals of Database Systems**. USA: Pearson Education, 2004.

GARCIA, G.; LOPES, A. **Introdução à programação**. Rio de Janeiro: Elsevier, 2002.

GUIMARÃES, A. M.; LAGES, N. A. C. **Algoritmos e estruturas de dados**. Rio de Janeiro: LTC, 1994.

HEUSER, C. A. **Projeto de banco de dados**. Porto Alegre: Instituto de Informática da UFRGS; Sagra Luzzatto, 2004.

KERNIGHAN, B. W.; RITCHIE, D. M. **The C Programming Language**. 2. ed. Englewood Cliffs: Prentice Hall, 1988.

KORTH, H. F.; SILBERSCHATZ, A.; SUDARSHAN, S. **Sistemas de banco de dados**. 5. ed. Tradução de Daniel Vieira. Rio de Janeiro: Elsevier, 2006.

LAUDON, K. C.; LAUDON, J. P. **Sistemas de informação gerenciais**. 7. ed. São Paulo: Prentice Hall, 2008.

LEAL, G. C. L. **Algoritmos e lógica de programação II**. Maringá: Cesumar, 2012. Disponível em: <http://www.ead.cesumar.br/moodle2009/lib/ead/arquivosApostilas/1229.pdf>. Acesso em: 7 maio 2015.

MAGALHÃES, R. L.; NETO, M. M. F. **AprenDER**: ferramenta de apoio à construção de diagrama de entidade relacionamento para deficientes visuais. 2010. Disponível em: <http://www.lbd.dcc.ufmg.br/colecoes/sbie/2010/0010.pdf>. Acesso em: 7 maio 2015.

MANZANO, J. A. N. G.; OLIVEIRA, J. F. **Estudo dirigido de algoritmos**. 13. ed. São Paulo: Érica, 2010.

_____. _____. 15. ed. São Paulo: Érica, 2012.

MELO, R. C. de Proposta de 'framework' conceitual para o ensino de algoritmos. **Tekhne e Logos**, v.4, n.1, abr. 2013. Disponível em: <http://www.fatecbt.edu.br/seer/index.php/tl/article/view/174>. Acesso em: 7 maio 2015.

MURRAY, W. H.; PAPPAS, C. H. **Turbo C++ completo e total**. São Paulo: Makron; McGraw-Hill, 1991.

ROCHA, A. M. A. da. **Introdução à programação usando C**. Lisboa: FCA, 2006.

WIRTH, N. **Algoritmos estruturados**. 3. ed. Rio de Janeiro: LTC, 1999.

ZIVIANE, N. **Projeto de algoritmos com implementações em Pascal e C**. 3. ed. São Paulo: Pioneira Thomson Learning, 2010.

Capítulo 1

Questões para revisão

1. Os tipos de algoritmos são a descrição narrativa, o fluxograma e o pseudocódigo. A descrição narrativa representa o problema por meio da linguagem natural; o fluxograma representa o problema graficamente por meio de um conjunto de símbolos predefinidos; o pseudocódigo representa o problema por meio de um conjunto de regras predefinidas.

2. A principal vantagem associada ao pseudocódigo é sua similaridade com a linguagem de programação, o que facilita o processo de conversão do pseudocódigo para um programa.

3. As constantes e as variáveis permitem armazenar os dados. No entanto, as constantes têm seu valor definido no início e ele não pode sofrer alteração. Já as variáveis podem ter seu valor alterado ao longo do tempo.

4. Ao declararmos uma variável, estamos alocando um espaço em memória. Cada tipo de variável ocupa um tamanho em memória. As variáveis reais ocupam mais espaço de memória. Nesse sentido, se declararmos as variáveis com o tipo inadequado, estaremos alocando memória desnecessariamente.

5. Os nomes corretos são: idade; sexo; produto; qtdade_total; media.

6.
    1. Desligar o interruptor.
    2. Pegar a escada.
    3. Posicionar a escada.
    4. Retirar a lâmpada.
    5. Colocar a outra lâmpada.
    6. Ligar o interruptor.
    7. Guardar a lâmpada queimada.
    8. Guardar a escada.

7.
```
Algoritmo exerciciop7
Var
salario: real
nome: caractere[30]
matricula: caractere[10]
Início
  Escreva ("Informe a matrícula:")
  Leia (matricula)
  Escreva ("Informe o nome:")
  Leia (nome)
  Escreva ("Informe o salario:")
  Leia (salario)
  Escreva ("Matrícula:", matricula)
  Escreva ("Nome:", nome)
  Escreva ("Salário:", salario)
Fim.
```

8.
```
Algoritmo exerciciop8
Var
numero, raiz, quadrado, fracao: real
Início
  Escreva ("Informe o número:")
  Leia (numero)
  raiz ← sqrt(numero)
  quadrado ← sqr(numero)
  fracao ← frac(numero)
  Escreva ("A raiz quadrada é:", raiz)
  Escreva ("O número ao quadrado é:", quadrado)
  Escreva ("A parte fracionária é:", fracao)
Fim.
```

9.
```
Algoritmo exerciciop9
Var
area, raio: real
Início
  Escreva ("Informe o raio do círculo:")
  Leia (raio)
  area ← pi*sqr(raio)
  Escreva ("A área do círculo é:", area)
Fim.
```

10.
```
Algoritmo exerciciop10
Var
salario, pinss, sliquido: real
Início
  Escreva ("Informe o salário:")
  Leia (salario)
  Escreva ("Informe o percentual do INSS:")
  Leia(pinss)
  sliquido ← salario ← (salario * pinss)/100
  Escreva ("O salário bruto é: ", salario)
  Escreva ("O salário líquido é: ",sliquido)
Fim.
```

Capítulo 2

Questões para revisão

1. Os erros do algoritmo são:

    _ O algoritmo não apresenta nome.

    _ A variável *operacao* é inteira, portanto não pode receber a divisão entre dois números. Para isso, ela deve ser declarada como real.

    _ Falta o *fim_se*.

2.
```
Algoritmo exerciciop2
Var
sexo: caractere[1]
Início
  Escreva ("Informe o sexo:")
  Leia (sexo)
  Se ((sexo= "M") OU (sexo= "m")) então
    Escreva ("Masculino")
  Senão
    Se ((sexo= "F") OU (sexo= "f")) então
      Escreva ("Feminino")
    fim_se
  fim_se
Fim.
```

3.
```
Algoritmo exerciciop3
Var
num: inteira
Início
  Escreva ("Informe o número:")
  Leia (num)
  Se ((num >= 0) E (num <= 100)) então
    Escreva ("Está no intervalo 0 e 100")
  Senão
    Escreva ("Está fora do intervalo entre 0 e 100")
  fim_se
Fim.
```

4.
```
Algoritmo exerciciop4
Var
n1: inteira
metade, pinteira, pfracionaria: real
Início
  Escreva ("Informe um número inteiro:")
  Leia(n1)
  Se (n1 mod 2 = 0) então
    metade ← n1/2
    Escreva ("A metade é:", metade)
  Senão
    metade ← n1/2
    pfracionaria ← frac(metade)
    pinteira ← metade - pfracionaria
    Escreva ("A parte inteira é:", pinteira)
    Escreva ("A parte fracionária é:", pfracionaria)
  fim_se
Fim.
```

5.
```
Algoritmo exerciciop5
Var
n: inteira
Início
   n ← -1;
   Enquanto (n < 0) faça
      Escreva ("Informe um número inteiro maior que zero:")
      Leia (n)
   Fim_enquanto
Fim.
```

6.
```
Algoritmo exerciciop6
Var
sexo: caractere[1]
Início
   sexo ← ""-1;
   Repita
      Escreva ("Informe o sexo:")
      Leia (sexo)
   Até que (sexo = "M" OU sexo = "m" OU sexo = "F" ou sexo= "f")
Fim.
```

7.
```
Algoritmo exerciciop7
Var
idade, somai, cont, midade: inteira
peso, pesov: real
Início
   cont ← 0
   somai ← 0
   midade ← 0
   pesov ← 0
   idade ← -1
   Enquanto (idade <> -1) faça
      Escreva ("Informe a idade:")
      Leia (idade)
      Escreva ("Informe o peso:")
      Leia (peso)
      somai ← somai+idade
      cont ← cont +1
      Se (idade > midade) então
         pesov ← peso
      fim_se
   fim_enquanto
   Escreva ("A média das idades é:", somai/cont)
   Escreva ("O peso do mais velho é", pesov)
Fim.
```

8. V, V, F, F.

9.
```
Algoritmo exerciciop9
Var
descricao: caractere[20]
saldo, saldot, cont: inteira
Início
  cont ← 0
  saldot ← 0
  descricao ← ""
  Enquanto (descricao <> "-1") faça
    Escreva ("Informe a descrição:")
    Leia (descricao)
    Escreva ("Informe o saldo:")
    Leia (saldo)
    Se (saldo = 0) então
      Escreva ("Descrição:", descricao)
    fim_se
    saldot ← saldot + saldo
    cont ← cont + 1
  fim_enquanto
  Escreva ("A média dos saldos é:", saldot/cont)
Fim.
```

Capítulo 3

Questões para revisão

1. F, V, V, F, V.

2.
```
Algoritmo exerciciop2
Var
A, B: vetor [1..10] de inteiro
cont: inteira
Início
  Para cont de 1 até 10 passo 1 faça
    Escreva ("Informe o número da", cont, "posição do vetor A:")
    Leia (A[cont])
  fim_para
  Para cont de 1 até 10 passo 1 faça
    Escreva ("Informe o número da", cont, "posição do vetor B:")
    Leia (B[cont])
  fim_para
  Escreva ("SOMA")
  Para cont de 1 até 10 passo 1 faça
    Escreva ("O dobro da soma é dos elementos da posição", cont,
    "é:", (A[cont]+ B[cont])* A[cont]+ B[cont]))
  fim_para
Fim.
```

3.
```
Algoritmo exerciciop3
Var
A: vetor [1..15] de inteiro
cont: inteira
Início
  Para cont de 1 até 15 passo 1 faça
    Escreva ("Informe o número da", cont, "posição do vetor:")
    Leia (A[cont])
  fim_para
  Para cont de 15 até 1 passo - 1 faça
    Escreva ("Informe o número da", cont, "posição do vetor:")
    Leia (A[cont])
  fim_para
Fim.
```

4.
```
Algoritmo exerciciop4
Tipo
Cad_produto = registro
codigo : caractere[10]
descricao : caractere[20]
valor : real
fim_registro
Var
produto: vetor [1..20] de cad_produto
i: inteira
Início
  Para i de 1 até 20 faça
    Escreva ("Informe o codigo:")
    Leia (produto[i].codigo)
    Escreva ("Informe a descricao:")
    Leia (produto[i].descricao)
    Escreva ("Informe o valor :")
    Leia (produto[i].valor)
  fim_para
  Para i de 1 até 20 faça
    Escreva ("Codigo:", produto[i].codigo)
    Escreva ("Descricao:", produto[i].descricao)
    Escreva ("Valor:", produto[i].valor)
  fim_para
Fim.
```

5.
```
Algoritmo exerciciop5
Tipo
Cad_roupa = registro
codigo: caractere[10]
descricao: caractere[20]
tamanho: caractere[2]
cor: caractere[20]
preco: real
fim_registro
Var
roupa: vetor [1..20] de cad_roupa
i: inteira
acha: lógico
resposta: caractere[3]
codigob: caractere[10]
Início
  Para i de 1 até 40 faça
    Escreva ("Informe o codigo:")
    Leia (roupa[i].codigo)
    Escreva ("Informe a descricao:")
    Leia (roupa[i].descricao)
    Escreva ("Informe o tamanho:")
    Leia (roupa[i].tamanho)
    Escreva ("Informe a cor:")
    Leia (roupa[i].cor)
    Escreva ("Informe o preco:")
    Leia (roupa[i].preco)
  fim_para
  resposta ← "sim"
  Enquanto (resposta = "sim") faça
    Escreva ("Informe o código a ser pesquisado:")
    Leia (codigob)
    i ← 1
    acha ← falso
    Enquanto (i<=40 e acha = "falso") faça
      Se (roupa[i].codigo = codigob) então
        acha ← verdadeiro
      Senão
        i ← i +
      Fim_se
    Fim_enquanto
    Se (acha = "verdadeiro") então
      Escreva ("Descricao", roupa[i].descricao)
      Escreva ("Preco", roupa[i].preco)
    Senão
      Escreva ("Código inexistente")
    Fim_se
    Escreva ("Deseja realizar outra pesquisa?")
    Leia (resposta)
  fim_enquanto
Fim.
```

Capítulo 4

Questões para revisão

1. Banco de dados é uma coleção organizada de dados relacionados. Um sistema de gerenciamento de banco de dados (SGBD) é o *software* que permite criar, armazenar e recuperar dados.
2. As principais vantagens relacionadas ao uso do banco de dados são: reduzir a redundância dos dados, evitar as inconsistências e compartilhar esses dados. O banco de dados possibilita que os dados sejam acessados por vários usuários e sistemas simultaneamente.
3. A modelagem de dados é a descrição formal da estrutura dos dados armazenados. Há três níveis de abstração: conceitual, lógico e físico. No nível conceitual, temos uma visão macro sobre dados e relacionamentos; no nível lógico, temos a descrição das estruturas do banco de dados; no nível físico, temos as formas de organização e as estruturas internas de armazenamento. No nível físico, há dependência em relação ao SGBD adotado.
4. Os elementos envolvidos no modelo ER são: entidade, relacionamento, atributo, atributo identificador, generalização/especialização e entidade associativa.
5. As categorias de atributos são:
   - Simples: descrição de um produto, quantidade.
   - Composto: o endereço ou a divisão do nome em prenome, nome intermediário e sobrenome.
   - Monovalorado: número do CPF.
   - Multivalorado: telefone, contato de uma empresa.
   - Opcional: título de eleitor, certidão de casamento, carteira de habilitação.
6. As entidades podem estabelecer relacionamento de 1:1, 1:N e N:N. No relacionamento 1:1, cada ocorrência da entidade refere-se a apenas

uma ocorrência da outra entidade. No relacionamento 1:N, uma ocorrência da entidade 1 pode ser relacionar com muitas ocorrências da entidade 2, mas o inverso não é válido. No relacionamento N:N, uma ocorrência da entidade 1 pode se relacionar com várias ocorrências da entidade 2, e o inverso também é válido.

7.
a. Há um relacionamento de 1:N entre as entidades *Categoria* e *Livro*, em que uma categoria pode ter vários livros e um livro pode estar relacionado com apenas uma categoria, isto é, uma categoria tem 0 (cardinalidade mínima) ou *n* (cardinalidade máxima) livros.
b. Há um relacionamento de 1:N entre as entidades *Funcionário* e *Exame*, em que um funcionário realiza vários exames e um exame só se relaciona com um funcionário, isto é, um funcionário realiza 0 (cardinalidade mínima) ou *n* (cardinalidade máxima) exames.
c. Há um relacionamento N:N entre as entidades *Nota* e *Serviço*, em que um serviço pode estar relacionado a várias notas e uma nota pode ter vários serviços.

8. F, F, V, F, V.

Capítulo 5

Questões para revisão

1.
```c
#include <stdio.h>
#include <math.h>
main ()
{
  float lado, area;

  printf(" Informe o valor do lado:");
  scanf ("%f", &lado);
  area = (3*(lado*lado) * sqrt(3))/2;
  printf("\n A area do hexagono e: %.2f", area);
  return (0);
}
```

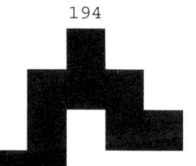

2.
```c
#include <stdio.h>
main ()
{
  int i;
  for (i=3; i<=50; i=i+3)
  {
    printf ("\n %d", i);
  }
    return (0);
}
```

3.
```c
#include <stdio.h>
main ()
{
  int numero,i, fatorial;
  printf ("\n Informe o numero que deseja calcular o fatorial:");
  scanf ("%d", &numero);
  fatorial = 1;
  for (i=1; i <= numero; i++)
     fatorial = fatorial * i;
  printf ("\n O fatorial e : %d", fatorial);
  return (0);
}
```

4.
```c
#include <stdio.h>
main ()
{
  float media[20];
  float notas[20] [4];
  float somag, mediag, soma;
  int i, j;

  somag = 0;
  mediag =0;
  for (i=0;i<20;i++)
  {
    soma = 0;
    for (j=0; j<4; j++)
    {
      printf("Informe a nota %d do aluno %d:", j+1, i+1);
      scanf("%f", &notas[i][j]);
      soma = soma + notas[i][j];
    }
    media[i] = soma/4;
    somag= somag + media[i];
  }
  mediag = somag/20;
  for (i=0; i<20;i++)
  {
    printf("\n A media do aluno %d e %.2f:", i, media[i]);
  }
  printf ("\n A media geral da turma e : %.2f", mediag);
  return (0);
}
```

5.
```c
#include <stdio.h>
main ()
{
   int filhos, qtd;
   float salario, somas, somaf, masalario, mesalario;

   qtd = 0;
   somaf = 0;
   somas = 0;
   masalario = 0;
   printf ("\n Informe o salario:");
   scanf ("%f", &salario);
   mesalario = salario;
   printf ("\n Informe o numero de filhos:");
   scanf ("%d", &filhos);
   while (salario != -1)
   {
     qtd++;
     if (salario > masalario)
        masalario = salario;
     if (salario < mesalario)
        mesalario = salario;
     somaf = somaf + filhos;
     somas = somas + salario;
     printf ("\n Informe o salario:");
     scanf ("%f", &salario);
     printf ("\n Informe o numero de filhos:");
     scanf ("%d", &filhos);
   }
   printf ("\n A media de salarios e : %.2f", somas/qtd);
   printf ("\n A media de filhos e : %.2f", somaf/qtd);
   printf ("\n O maior salario e : %.2f", masalario);
   printf ("\n O menor salario e : %.2f", mesalario);
   return (0);
}
```

sobre_a_autora_

Gislaine Camila Lapasini Leal é graduada em Engenharia de Produção com ênfase em *Software* pela Universidade Estadual de Maringá – UEM, onde também obteve o título de mestre em Ciência da Computação. É tecnóloga em Processamento de Dados pelo Centro Universitário de Maringá e especialista em Desenvolvimento para *Web*, também pela UEM. Atualmente é doutoranda no Programa de Pós-Graduação em Engenharia Elétrica e Informática Industrial da Universidade Tecnológica Federal do Paraná – UTFPR. É integrante do corpo docente do curso de graduação em Engenharia de Produção da UEM.

Os papéis utilizados neste livro, certificados por instituições ambientais competentes, são recicláveis, provenientes de fontes renováveis e, portanto, um meio responsável e natural de informação e conhecimento.

FSC
www.fsc.org
MISTO
Papel produzido a partir de fontes responsáveis
FSC® C074432

Impressão: Maxigráfica
Julho / 2017